CB050428

ALÉM DA TEORIA

ALÉM DA TEORIA

Ciências aplicadas no Senai-SP

SENAI-SP editora

SENAI-SP editora

CONSELHO EDITORIAL
Paulo Skaf – Presidente
Walter Vicioni Gonçalves
Débora Cypriano Botelho
Ricardo Figueiredo Terra
Roberto Monteiro Spada
Neusa Mariani

Engenharia da **Formação Profissional**

Elaboradores do texto
Abílio Rodrigues de Oliveira Filho
Anísio José de Campos
Branca Manassés Penteado
Inês Achcar
Neusa Mariani
Waldete Siqueira Martins Braga

Colaboradores
Adriano Ruiz Secco
Augusto Lins de Albuquerque Neto
Celso Roberto Trevisan
Eufemia Paez Soares
Marcos Antônio Câmara Barbosa
Mirian Maria da Silva

Mônia Eller
Nilton Roberto Fiorotto
Nívia Gordo

Editor
Rodrigo de Faria e Silva

Editoras assistentes
Ana Lucia Sant'Ana dos Santos
Juliana Farias

Produção gráfica
Paula Loreto

Revisão
Fernanda Santos
Gisela Carnicelli

Capa e projeto gráfico
Negrito Produção Editorial

Imagens
Acervo SENAI-SP

© SENAI-SP Editora, 2012

Dados Internacionais de Catalogação na Publicação (CIP)

Além da teoria: ciências aplicadas no SENAI-SP / Serviço Nacional de Aprendizagem Industrial. Departamento Regional de São Paulo. – São Paulo: SENAI-SP Editora, 2012.
200 p. – (Engenharia da formação profissional).

Bibliografia
ISBN 978-85-65418-51-5

1. Ensino de ciências aplicadas. 2. Ensino profissional. 3. Métodos e processos de ensino. 3. Educação integral. I. Título. II. Série.

CDU – 371.38:62

Índices para catálogo sistemático:
1. Ensino de ciências aplicadas: 371.38:62
2. Ensino profissional: 377
3. Métodos e processos de ensino: 371.3
4. Educação Integral: 37.031

SENAI-SP Editora
Avenida Paulista, 1313, 4º andar, 01311 923, São Paulo – SP
F. 11 3146.7308
editora@sesisenaisp.org.br

Apresentação

Muitas vidas tiveram seu percurso alterado após ingressarem no mundo Senai-SP. Ao longo de 70 anos, muitos depoimentos, registrados em vídeos e materiais impressos, atestam a importância de realizar curso neste Departamento Regional para conseguir emprego, promoção ou redirecionar uma trajetória pessoal ou profissional.

No meu caso, o grande impacto ocorreu a partir do meu ingresso como funcionário no quadro do Senai para ser professor de *aulas gerais*. Minha função era lecionar conteúdos de português, matemática e ciências, base necessária para os alunos compreenderem e aplicarem princípios e conceitos no campo profissional. Era, então, o verdadeiro currículo orientado por competências, e não por disciplinas.

Em todos os cargos que ocupei, desde essa primeira experiência, confirmei, na prática, a coerência e a adequação da Engenharia da Formação Profissional do Senai como preparação para a vida e o trabalho.

A percepção de cada aluno como um ser singular, que deve ser respeitado como tal, é um dos valores que caracterizam e permeiam o ensino do Senai. Desse modo, a educação integral, tônica do primeiro capítulo deste livro, enfatiza a importância de o educador moldar o ensino ao aluno, no tempo e no espaço onde vive, e reconhecer que ele é o protagonista dos processos educacionais, oferecendo-lhe condições para que desenvolva a autoconfiança e as competências necessárias para sua efetiva inclusão na sociedade e no mundo do trabalho.

A visão de que o aluno não deve ser passivo, mas questionador, que aprende a pensar com lógica e a formular argumentos consistentes, é um aspecto ressaltado no segundo capítulo e apresentado, de forma mais ampla e em linguagem coloquial, no anexo, no qual fica clara a forma de interação entre docentes e alunos durante as aulas de ciências aplicadas no Senai-SP. No mundo atual, em que a automatização caracteriza os processos produtivos, manter atitude científica e procurar a explicação de cada fenômeno podem ser os diferenciais que permitem ao aluno transitar pela carreira profissional e nela projetar-se.

No terceiro capítulo, apresenta-se a importância da atualização do modelo de formação profissional, a partir do estudo contínuo das mudanças ocorridas nos produtos e nos processos industriais. Dessa forma, mostra-se como é relevante a permanente vigilância dos técnicos e educadores, a fim de que sejam garantidas as condições para um real avanço no ajuste da formação de jovens ao novo mundo do trabalho e para o advento de uma nova configuração dos processos produtivos. Esses valores e esse modelo de educação profissional se evidenciam nitidamente no ensino de ciências aplicadas.

Perpassando por todos esses temas, este livro pretende propor a todos os educadores, que atuam na educação básica ou no ensino profissional, um modo especial de conduzir a aprendizagem de ciências, área que se torna cada vez mais estratégica no mundo atual.

Ao mesmo tempo, esta obra é uma homenagem aos educadores que edificaram os pilares da educação profissional do Senai-SP. Também, um reconhecimento a todos os docentes que souberam colocar em prática os princípios desse modelo de educação. Ainda, uma deferência a todos os jovens alunos, que contribuíram com seu entusiasmo e sua dedicação para que o Senai tenha destaque como modelo de formação profissional ao longo desses 70 anos.

Walter Vicioni Gonçalves
Diretor Regional do Senai-SP

Sumário

I. COMO TRAÇAMOS UM CAMINHO 9
A formação de "desvalidos da sorte" para atuarem como operários qualificados da indústria nascente 9
A prioridade de formação profissional do Senai-SP: a educação integral dos aprendizes 13
Fundamentos da educação integral: uma perspectiva ampla e ousada 16
Escola para o aluno: o ensino de ciências 19

II. AONDE CHEGAMOS 33
Da informação para a formação 33
De onde partir? 34
Como desmistificar a ciência? 41
Por que refazer e redescobrir o que outros já fizeram e descobriram? 45
Como a ciência vê o mundo? 50
No que a ciência acredita? 52
Como explicar o que foi constatado? 55
As habilidades de investigação 60

III. O NOVO QUE NOS DESAFIA 67
Uma nova realidade: São Paulo nos anos 2000 67
Uma nova configuração para as ciências aplicadas no Senai-SP 72
Estratégias de ensino 73

Novos conteúdos para efetiva formação profissional........................ 74
Segurança na aplicação de novas tecnologias 79

CONSIDERAÇÕES FINAIS — EM POUCAS PALAVRAS 81

Referências bibliográficas.. 83

Anexo — Como são as aulas de ciências aplicadas no SENAI-SP? 89
O relato de dois professores 89
   1º tema — Minerais e o meio ambiente 90
   2º tema — Medidas físicas e unidades 92
   3º tema — Matéria 96
   4º tema — Propriedades específicas da matéria 102
   5º tema — Princípios da termologia 107
   6º tema — Dilatação térmica 118
   7º tema — Tratamento térmico 130
   8º tema — Força 132
   9º tema — Densidade dos materiais e pressão 139
   10º tema — Pressão exercida pelos corpos apoiados 141
   11º tema — Máquinas simples 153
   12º tema — Química — Átomos 160
   13º tema — Funções inorgânicas 168
   14º tema — Classificação das reações químicas 175
   15º tema — Noções básicas de eletricidade 188

CAPÍTULO I

Como traçamos um caminho

A FORMAÇÃO DE "DESVALIDOS DA SORTE" PARA ATUAREM COMO OPERÁRIOS QUALIFICADOS DA INDÚSTRIA NASCENTE

No início do século XX, um marco considerado significativo da história do ensino profissional no Brasil foi a promulgação do Decreto nº 7.566, de 23 de setembro de 1909, que cria, nas capitais dos estados, as Escolas de Aprendizes Artífices[1]. Nesse Decreto, que entrou em vigência no governo de Nilo Peçanha, justificava-se a necessidade de criação de tais escolas considerando que:

- o aumento constante da população das cidades exige que se facilitem às classes proletárias os meios de vencer as dificuldades sempre crescentes da luta pela existência;
- para isso, torna-se necessário não só habilitar os filhos dos desfavorecidos da fortuna com o indispensável preparo técnico e intelectual, como fazê-

---

1. As Escolas de Aprendizes Artífices foram implantadas, inicialmente, nos estados de Alagoas, Amazonas, Bahia, Ceará, Espírito Santo, Goiás, Maranhão, Minas Gerais, Mato Grosso, Pará, Paraíba, Pernambuco, Paraná, Piauí, Rio de Janeiro, Rio Grande do Norte, Santa Catarina, Sergipe e São Paulo. Tais escolas são consideradas as primeiras da Rede Federal de Educação Profissional e Tecnológica. (*Vide* a respeito do Centenário da Rede Federal de Educação Profissional e Tecnológica: <http://portal.mec.gov.br/setec/arquivos/centenario/historico_educacao_profissional.pdf>. Acesso em: 4 maio 2012.)

-los adquirir hábitos de trabalho profícuo, que os afastará da ociosidade ignorante, escola do vício e do crime;
- é um dos primeiros deveres do governo da República formar cidadãos úteis à nação.

As programações oferecidas pelas Escolas de Aprendizes Artífices, para menores de 10 a 13 anos, restringiam-se aos conhecimentos práticos e técnicos da profissão. Os alunos que não sabiam ler, escrever e contar deviam frequentar também um curso noturno para obter esse ensino "primário", além de noções de desenho.

A visão conceitual da educação profissional como ensino para "desfavorecidos da fortuna" permeia fortemente a cultura disseminada durante a primeira metade do século xx, com reflexos nas normas legais da época. Assim, na Constituição de 1937, o artigo 129 estabelece que "o ensino pré-vocacional profissional destinado às classes menos favorecidas é em matéria de educação o primeiro dever do Estado".

O Brasil da década de 1940 era predominantemente rural, com apenas 31,3% da população vivendo em cidades. A taxa de analfabetismo era de 56,8%. A taxa de escolarização, entre crianças de 7 a 14 anos, era de 30,6%[2].

Nessa época, no campo econômico, o país ingressava em um processo irreversível de estruturação do segmento industrial. Numa economia regida pela meta de "substituição da importação", os processos industriais precisavam gerar a produção dos bens que a Europa, mergulhada na guerra, não podia prover. Dessa forma, para operar os equipamentos – que eram, em sua maioria, trazidos do exterior –, os trabalhadores tinham de ser formados, de maneira rápida e suficiente, a fim de suprir o mercado de consumo do país. Era preciso formar profissionais das mais diversas ocupações, como condição indispensável para o êxito do processo de industrialização.

---

2. INSTITUTO BRASILEIRO DE GEOGRAFIA E ESTATÍSTICA. Estudo revela 60 anos de transformações sociais no país, 25 maio de 2007. Disponível em: <http://www.ibge.gov.br/home/presidencia/noticias/noticia_visualiza.php?id_noticia=892&id_pagina=1 >. Acesso em: 4 maio 2012.

Impulsionado pela necessidade de promover maciçamente a formação de profissionais para essa indústria nascente, o governo federal lançou a Lei Orgânica do Ensino Industrial[3], que estabeleceu as bases de organização e de regime do ensino industrial.

Outra iniciativa foi a criação do SENAI, em 1942. O SENAI precisou enfrentar o desafio de converter em trabalhador da indústria o jovem que chegava do meio rural, muitas vezes filho de imigrantes, com baixa escolaridade e sem conhecimento do mundo do trabalho nas cidades.

Para início de suas atividades, o Departamento Regional do SENAI--SP concebeu um projeto de formação profissional estruturado em um eixo básico de formação de menores e outro, complementar, dirigido à população adulta.

Nesse sentido, em um primeiro momento, o SENAI-SP concentrou--se no atendimento a demandas urgentes, de formação de trabalhadores adultos. Instalado em agosto de 1942, o Departamento Regional iniciou, logo em janeiro de 1943, os chamados "cursos de emergência". De curta duração, tais cursos visavam "à preparação monotécnica de operários semiqualificados e à especialização de qualificados, em atividades que interessavam essencialmente às indústrias de guerra". Paralelamente foram instituídos, "na própria indústria, cursos rápidos de diversos tipos, destinados ao aperfeiçoamento e à especialização da mão de obra já existente"[4].

Simultaneamente, o SENAI-SP estruturava-se para cumprir seu objetivo básico: a educação de menores. Por meio do Curso para Aprendizes de Ofício (CAO) e do Curso de Aspirantes à Indústria (CAI), promoveu formação profissional sistemática e relativamente longa dos futuros operários qualificados.

---

3. Decreto-lei nº 4.073, de 30 de janeiro de 1942.
4. SENAI-SP. *Informativo SENAI*, São Paulo, ano XVI, n. 196, 1962, p. 8, citado por LEITE, Elenice M. *45 anos de educação para o trabalho*: a indústria em ação. São Paulo: SENAI-SP, 1962. p. 19-20.

Além da teoria

Acervo SENAI-SP

Federação das Indústrias do Estado de São Paulo

Serviço Nacional de Aprendizagem dos Industriários (SENAI)

Cursos normais de preparo de mão de obra — Cursos de emergência para a indústria de guerra

Acaba de ser instalado, em São Paulo, o Departamento Regional do Serviço Nacional de Aprendizagem dos Industriários (SENAI), com sede à rua Boa Vista n. 68 – 5.o andar, nesta capital.

Nos termos de recente decreto-lei federal, compete à Confederação Nacional da Indústria, através das Federações a ela filiadas, organizar, instalar e manter cursos para a formação, para o preparo especializado e para o aperfeiçoamento da mão de obra da indústria.

O SENAI, organizado para servir à indústria e dirigido, diretamente, pelas federações industriais, atenderá à necessidade imprescindível de melhoria qualitativa do nosso operário industrial, bem como cuidará da ampliação de elementos devidamente preparados para o trabalho, cada vez maior, de nosso parque industrial.

Trata-se de tarefa de importância vital para o país e cuja realização o eminente sr. Presidente da República, em boa hora, resolveu entregar à própria indústria.

Os processos de seleção profissional a serem adotados contribuirão, de maneira notável, para dar maior eficiência aos cursos, pois elementos bem selecionados, de acordo com suas aptidões, mais fácil e mais rapidamente atingirão boa eficiência no trabalho.

A formação sistemática de aprendizes de ofício garantirá a recomposição e a ampliação dos quadros de operários qualificados. O preparo especializado permitirá o desenvolvimento da capacidade de produção. O aperfeiçoamento técnico-profissional, por suas diversas modalidades, elevará, de modo geral, o nível da mão de obra e dos condutores de trabalho na indústria.

Com essas medidas que o SENAI vai por em prática, poderemos valorizar o nosso trabalhador, proporcionando-lhe os meios de desenvolver e de melhor utilizar suas excelentes qualidades inatas, para maior rendimento de nossa crescente indústria.

Mantido, exclusivamente, pela contribuição dos industriais, o SENAI estenderá, pouco a pouco, os benefícios da preparação profissional a todos os ramos de atividade industrial. E', sem dúvida, obra de valorização e de nacionalização dos industriários, e das mais valiosas sob o ponto-de-vista social e econômico, porquanto visa beneficiar, a um tempo, o indivíduo que trabalha e o industrial que o emprega.

As circunstâncias atuais que obrigam a indústria a intensificar, com rapidez, sua produção, levaram o SENAI a adotar — com a aprovação do dedicado Ministro da Educação, sr. Gustavo Capanema — um plano de emergência, sem prejuízo, porem, da execução do seu programa normal de aprendizagem e aperfeiçoamento dos industriários.

O plano de emergência caracteriza-se pela organização rápida de cursos de preparo monotécnico, de curta duração, a serem realizados nas diversas escolas profissionais oficiais ou particulares existentes no Estado, sendo que o Governo do ilustre sr. Fernando Costa já prestou valiosa colaboração permitindo que as escolas profissionais estaduais sejam utilizadas para esse fim, nas horas em que seu equipamento se acha disponível.

Simultaneamente serão instituídos, na própria indústria, cursos rápidos de diversos tipos, destinados ao aperfeiçoamento e à especialização da mão de obra já existente sem prejuízo do fluxo normal de trabalho dos estabelecimentos fabris.

Os 35 cursos de emergência previstos para a preparação monotécnica rápida de operários semi-qualificados e especialização de qualificados em atividades que interessem, essencialmente, às indústrias de guerra, são os seguintes:

I — MECÂNICA

1 — Limador; lixa talhadeira, serra; 2 — Furador: manual e à máquina; 3 — Torneiro: de obra simples (torno horizontal e revolver); 4 — Aplainador: plaina de mesa e limadora; 5 — Fresador: de obras simples.

II — TRABALHO EM CHAPA E ENCANAMENTOS

1 — Caldeiraria leve: rebitagem e furação; 2 — Caldeiraria leve, trabalho à máquina (corte e dobramento); 3 — Funileiro: corte, dobramento e solda; 4 — Encanador.

III — FERRARIA

1 — Forjador de obra simples.

IV — SOLDA

1 — Soldador (solda elétrica); 2 — Soldador (solda oxi-acetileno); 3 — Soldador de chapa fina.

V — FUNDIÇÃO

1 — Moldador; 2 — Macheiro; 3 — Forneiro.

VI — ELETROTÉCNICA

1 — Enrolador; 2 — Instalador (luz e força); 3 — Instalador (telégrafo e telefone); 4 — Instalador (rádio-comunicações); 5 — Operador (rádio-comunicações).

VII — TRABALHOS DE MADEIRA

1 — Carpintaria da ribeira (construção naval).

VIII — SEGERIA

1 — Carpinteiro — segeiro; 2 — Ferreiro — ferrador (molas e arcos); 3 — Pintor.

IX — CORREARIA

1 — Correiro; 2 — Estofador.

X — REPARAÇÃO DE MOTORES DE COMBUSTÃO INTERNA (especialização de mecânicos)

1 — Motores a gasolina; 2 — Motores Diesel; 3 — Motores de aviação; 4 — Adaptação de motores para gás pobre; 5 — Instalação elétrica para motores de explosão.

XI — REPARAÇÃO DE EQUIPAMENTO ELÉTRICO (Especialização para mecânicos e eletricistas)

1 — Máquinas elétricas e aparelhos eletro-mecânicos; 2 — Aparelhos elétricos de medição, controle e uso doméstico; 3 — Aparelhos de rádio.

XII — MANUTENÇÃO E CONDUÇÃO DE GASOGÊNIOS

A fim de coordenar a oferta de candidatos a esses cursos de emergência com a procura de operários monotécnicos pelos estabelecimentos industriais, será instituído, imediatamente, um Serviço de Engajamento, organizado e administrado pela Federação das Indústrias do Estado de São Paulo, e que funcionará à rua Boa Vista, 68 — 4.o andar.

Caberá a esse serviço encaminhar ao SENAI os candidatos apresentados pela indústria, para prévia seleção e eventual matrícula nos cursos, respeitadas as possibilidades locais quanto à capacidade e aos tipos desses cursos.

Deverão dirigir-se, pois, os industriais associados à Federação das Indústrias do Estado de São Paulo, diretamente, ao referido Serviço, comunicando suas necessidades de mão de obra, dentro das especialidades mencionadas, ou outras, e providenciando o registro de seus candidatos. Os demais industriais poderão encaminhar seus pedidos, bem assim, a relação de candidatos, nos respectivos Sindicatos patronais, que, por sua vez, se entenderão com o Serviço de Engajamento da Federação.

Agindo dessa forma, os industriais virão cooperar, de modo decisivo, na realização do plano de ação do SENAI, fazendo com que os cursos originados da própria indústria sejam por ela utilizados da melhor forma possível no interesse da Pátria.

Subordinada a atividade do Departamento Regional do SENAI à orientação e ao controle de um Conselho Regional, do qual participam, nos termos da lei, representantes dos sindicatos patronais, nosso pujante parque industrial, neste órgão, a ser instalado em outubro próximo, um elemento coordenador de todos os empreendimentos, de carater normal ou de emergência, que venham a ser postos em prática, tendo em vista a melhoria e a eficiência da nossa mão de obra.

Em torno dos serviços que estão sendo rapidamente organizados, deseja a Federação das Indústrias do Estado de São Paulo receber, dos elementos que formam a classe, as sugestões que forem julgadas úteis à realização, em São Paulo, do grande plano de aprendizagem dos industriários, que, estamos certos, assinalará, no Brasil, uma nova fase de progresso.

O alto descortínio do Governo da República, criando esse importante serviço, vem proporcionar à indústria, no momento em que a Pátria está em guerra, a oportunidade de poder demonstrar, mais uma vez, o seu esplêndido espírito de cooperação e a sua inabalável decisão de concorrer com o máximo de seus esforços, para a defesa e vitória do Brasil.

Folha da Noite, *28 de setembro de 1942*.

A PRIORIDADE DE FORMAÇÃO PROFISSIONAL DO SENAI-SP: A EDUCAÇÃO INTEGRAL DOS APRENDIZES

> *Que se destine meu aluno à carreira militar, à eclesiástica ou à advocacia pouco me importa. Antes da vocação dos pais, a natureza chama-o para a vida humana. Viver é o ofício que lhe quero ensinar. Saindo de minhas mãos, ele não será, concordo, nem magistrado, nem soldado, nem padre; será primeiramente um homem.* – Rousseau.

> *[...] se conjugarmos o preceito de ordem educativa e social, que fundamenta parte do* SENAI, *com o aspecto técnico profissional da obra que lhe compete promover, teremos realizado o que poderá ser denominado de educação integral [...].* – Roberto Mange.

Apesar da diferença do posicionamento educacional dos autores das epígrafes, é possível identificar um ponto em comum: ambos foram adeptos de uma educação humanista ou integral. Roberto Mange, um dos principais, senão o principal realizador do SENAI, dedicou-se à formação profissional sem descurar dos aspectos sociais e da saúde dos alunos.

Festa da Pátria das Escolas da capital — Flagrante do número "Onde canta o sabiá", interpretado por um grupo de alunos da Escola SENAI do Belènzinho.

No relatório de atividades do Departamento Regional de São Paulo, em 1945, Roberto Mange estabelece o conceito "educativo-social e educação integral".

> O caráter do SENAI, como instituição de aprendizagem industrial, pode levar alguém à apressada e falsa conclusão de que se trata de mera organização de ensino profissional, o que não é verdade. Cumpre não perder de vista o verdadeiro sentido da obra que compete ao SENAI promover, ou seja, o conceito educativo-social de suas realizações.
>
> Sim, porque a ação do SENAI transcende em muito ao limitado setor do simples ensino, para assumir uma feição nitidamente social. Ora, essa orientação implica, necessariamente – dentro do âmbito da aprendizagem industrial –, na realização de serviços de natureza paraescolar no campo da educação, da higiene e da assistência social.
>
> É o que o Departamento Regional está fazendo, oferecendo gratuitamente serviços médicos, tratamento dentário e alimentação aos alunos de sua escola e proporcionando-lhes, ainda, assistência social.[5]

O serviço social tinha um duplo objetivo: a promoção de maior bem-estar dos alunos e a elevação de sua qualidade física, social e moral. Como exemplos podem ser citados os saraus de literatura e música, sessões de cinema, excursões e viagens à colônia de férias na praia.

Em relação à estadia no litoral, proporcionada aos alunos mais carentes, o relatório de atividades do SENAI de 1945 menciona que, entre outros cuidados, como o fornecimento de toda a indumentária e de todo o material para a permanência na praia, a alimentação era um item de atenção especial:

> não paira a menor dúvida sobre a influência salutar da permanência de 15 dias naquela estância balneária, durante os quais lhes foi proporcionado um bem cuidado programa, pois cada aluno trouxe um acréscimo de dois quilos em média, ao regressar ao trabalho.[6]

---

5. SENAI -SP. *Relatório anual*. São Paulo, 1945. p. 10.
6. Ibidem, p. 107.

Como traçamos um caminho

UM DIA ESPORTIVO PARA OS ALUNOS DA ESCOLA DE TAUBATÉ

Nos primeiros dias de abril, os alunos da Escola N-1, de Taubaté, realizaram uma excursão à chácara "Santo Antônio", situada naquele município. A caravana partiu do pátio da Escola às 7 horas e só regressou às 16, depois de passar um dia belíssimo, disputando partidas de futebol, praticando natação, etc. Integraram a turma de excursionistas o Professor de Educação Física, o Assistente Social, o Instrutor Chefe das Oficinas e o Enfermeiro da Escola. — No clichê, alunos da Escola de Taubaté em demonstrações de ginástica.

Cantina em escola SENAI.

O principal foco da educação integral, em síntese, é "uma formação cultural e profissional em torno de uma sadia personalidade"[7].

Fundamentos da educação integral: uma perspectiva ampla e ousada

Victor Della-Vos já propunha que, nos modelos e exercícios desenvolvidos nas oficinas de instrução, estivesse presente o conceito de trabalho benfeito, associado à arte, aqui entendida em sua dupla acepção – expressão do belo e da técnica apurada[8].

Esse conceito do belo é, também, explicitamente exposto por Mange.

> Se bem que com o desenvolvimento da cultura geral da educação moral e cívica e das lides abrangidas pelo serviço social se procure acatar e elevar o espírito do aprendiz, subsiste algo de antagônico com a rigidez da técnica do trabalho em que a individualidade, o culto pela matéria, o senso artístico e o amor ao belo não têm oportunidade de se expandir.
>
> A produção visa atender a necessidades do homem, e esse homem sempre foi e é sensível à beleza do objeto, à sua perfeição e às suas linhas artísticas. [...]
>
> Há, pois, necessidade de levar o aprendiz a compreender o que há de espiritual na obra que está realizando, mostrar-lhe o valor da forma que é funcional e ao mesmo tempo perfeita, bela ou artística. [...]
>
> Merece, pois, o sentido do belo ser levado em conta na filosofia da aprendizagem industrial.[9]

Desse modo, a formação profissional no Senai articula educação e cultura, integrando produção e arte, produto e sua beleza intrínseca.

---

7. Senai-SP. *Informativo Senai*. Educação Integral, São Paulo, março 1946.
8. A respeito, *vide Série Metódica Ocupacional (smo)*: o ensino profissional para o aprender fazendo. São Paulo: Senai-SP Editora, 2012.
9. Senai-SP. *Relatório anual*. São Paulo, 1946. p. 9.

Outro pensador que teve grande influência no ensino do SENAI foi Dewey (1859-1952), cujas ideias chegaram e foram difundidas no Brasil por intermédio de educadores como Fernando de Azevedo, Anísio Teixeira e Lourenço Filho. Autor, dentre outras obras, de *Democracia e educação*, Dewey opunha-se totalmente à chamada escola tradicional que, segundo ele, valorizava o intelectualismo e a memorização. De acordo com Aranha:

> Ao contrário da educação tradicional, que valorizava a obediência, Dewey destaca o espírito de iniciativa e independência, que leva à autonomia e ao autogoverno, virtude de uma sociedade democrática. [...] A escola, segundo Dewey, deve ter a criança como centro – lembrar a "revolução copernicana" preconizada pela educação ativa desde Rousseau – e, portanto, oferecer espaço para o desenvolvimento dos principais interesses da criança: "conversação ou comunicação", "pesquisa ou a descoberta das coisas", "fabricação ou a construção das coisas" e "expressão artística".[10]

De certa forma, o movimento centrado nos métodos ativos baseava-se em princípios consentâneos com as ideias de Dewey, na defesa da individualização e da autonomia do aluno, o que requeria uma escola não autoritária, apropriada ao educando para aprender por si mesmo e aprender fazendo.

Coerente com esse pensamento, o SENAI, desde o início de suas atividades, preconiza que sejam utilizados todos os processos pedagógicos para tornar a escola ativa e interessante.

Do ponto de vista teórico e prático, os objetivos gerais e a própria base da estrutura curricular do SENAI eram definidos com muita clareza, conforme se pode verificar na transcrição a seguir:

> [...] em *português*, procura-se ensinar o educando a falar com desembaraço e correção, através de exercícios de linguagem oral e escrita, em que são

---

10. ARANHA, Maria Lúcia de Arruda. *História da educação e da pedagogia* – geral e Brasil. 3. ed. rev. e ampl. São Paulo: Cortez, 2006. p. 261-262.

tratados assuntos de sua vida social e profissional; na *matemática*, busca-se desenvolver o raciocínio por meio de problemas reais do seu ofício e de acordo com o seu adiantamento; em *ciências*, visa-se fazer o aluno conhecer os fenômenos e materiais da natureza, despertando-lhe o interesse por meio de observações e experiências nas aulas e exame de matérias-primas de uso industrial. Para objetivação das aulas dessa disciplina, em cada escola existe um museu cuja organização está bem adiantada no que diz respeito a materiais dos reinos vegetal e mineral e a aparelhos simples para a realização de experiências.

As *aulas de tecnologia* versam sobre materiais utilizados no ofício, seu processo de obtenção e industrialização, bem como sobre os problemas (cálculos) relativos às máquinas empregadas no processo de transformação desses materiais em utilidades; são ainda descritas as ferramentas de trabalho utilizadas em cada ofício, procurando-se a razão de ser dos seus feitios, ângulos de corte, qualidades, resistência etc. O *ensino do desenho* [...] [tem por finalidades], principalmente, dar aos alunos os conhecimentos essenciais a fim de possibilitar o traçado do esboço de peças simples e a prática da leitura do desenho, de modo a permitir que o aluno compreenda sua peça de trabalho. [...]

A aprendizagem dos trabalhos práticos [de oficina] é efetuada por meio de peças nas quais, gradativamente, são introduzidas as dificuldades de execução das operações fundamentais do ofício e o emprego racional do respectivo ferramental. Tais peças, cada qual com seu desenho, são reunidas numa Série Metódica em que se procura adotar o princípio geral de "ir do mais fácil para o mais difícil com as repetições e variedade que forem aconselháveis".[11]

Em resumo, "é do equilíbrio harmônico entre as atividades técnicas nas oficinas e as atividades cívicas, culturais e recreativas que resulta a formação completa do aluno do SENAI"[12].

Esse é o ensino proporcionado ao aluno do SENAI. Uma educação integral para um aluno que "é completamente diferente daquele que frequenta as demais escolas industriais ou secundárias"[13].

11. SENAI-SP, op. cit., 1946, p. 76.
12. SENAI-SP. *O SENAI em São Paulo 1942-1967*. Edição comemorativa do jubileu de prata. São Paulo, 1967, p. 14.
13. SENAI-SP, op. cit., março 1946.

Nesse sentido, ressalta-se, em relatório da década de 1940, que o aprendiz do SENAI, com 14 a 18 anos e egresso, em sua grande maioria, do 4º ano do ensino primário,

> [...] produz na fábrica, ganha seu salário e possui acentuada independência. No âmbito social e familiar em que vive, pouco estímulo encontra para melhorar sua cultura geral e elevar seu conceito cívico e moral.
> A orientação do ensino decorre pois, em primeira linha, desse aspecto psicossocial e profissional do aprendiz-aluno. Requer uma perfeita adaptação a essa mentalidade especial do adolescente, sujeita às mais variadas influências no setor do trabalho, da sociedade e do lar. Trata-se, assim, de um tipo de aluno "sui generis", cuja preparação profissional, a par de uma melhoria da cultura geral, deve ser feita dentro de um campo um tanto restrito, de caráter mais monotécnico ou especializado, já devido ao curto lapso de tempo disponível para o curso, já por causa da deficiente bagagem de conhecimentos fundamentais que esse aluno traz. Acresce, ainda, a necessidade de proporcionar a esse aprendiz, o mais depressa possível, os conhecimentos técnicos e a capacidade de execução para o racional desempenho de seu ofício[14].

É nesse modelo conceitual de educação integral que se insere o ensino de ciências aplicadas para o aprendiz do SENAI.

ESCOLA PARA O ALUNO: O ENSINO DE CIÊNCIAS

Com o objetivo de criar condições para que o aluno tenha uma atitude científica diante dos fatos e entenda os fenômenos que o rodeiam, especialmente no exercício de sua profissão, o estudo de ciências sempre fez parte dos programas de ensino no SENAI. A atividade prática foi adotada como estratégia pela convicção de que a combinação de observações e experimentações sistematizadas leva o estudante ao esclarecimento dos fenômenos.

---

14. SENAI-SP, op. cit., 1945, p. 75.

Além da teoria

Acervo Senai-SP

Treinamento de docentes da área de ciências. Década de 1950.

Para lecionar ciências, os primeiros dirigentes selecionavam pessoas que tivessem conhecimento do conteúdo e mostrassem autoridade na condução do processo pedagógico, mantendo-se próximas do aluno. O professor teria de saber "chegar no aluno"[15]. Na época, bons profissionais da indústria e concluintes do antigo curso normal preenchiam esse perfil.

O professor realizava as experiências para observação de todos os alunos ao mesmo tempo, em uma sala de aula comum, mas com uma mesa especial para manipulação. O aluno recebia folhas que orientavam o desenvolvimento da experiência, com lacunas que deviam ser completadas com anotações durante a aula.

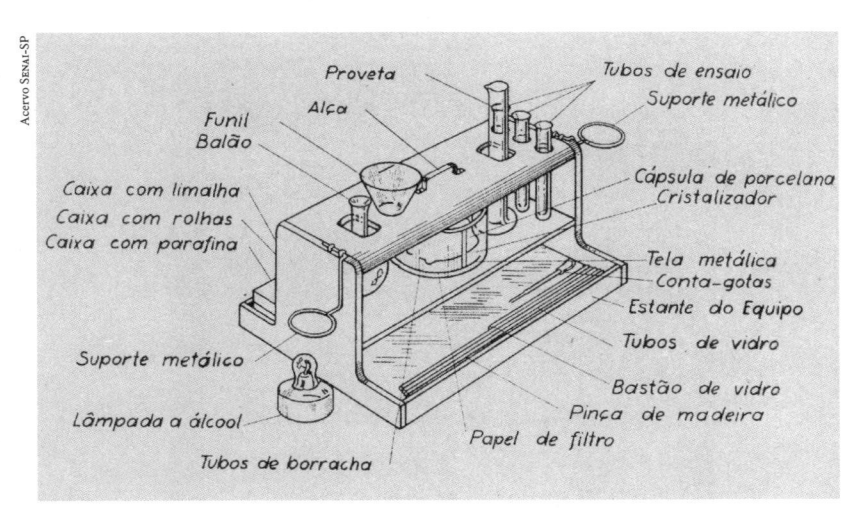

Equipo, aparelho cuja utilização permitia múltiplas experiências.

Já no início da década de 1960 ocorrem mudanças. Criou-se uma sala ambiente especialmente preparada para manipulação. As aulas de ciências continuavam pautadas nas experiências, mas com uma nova

---

15. Conforme depoimento do professor Sérgio Rubens Vieira de Almeida, que lecionou Ciências Aplicadas no SENAI-SP, no período de 1969 a 2004.

Além da teoria

Acervo Senai-SP

A prática do método ativo.

postura – são os estudantes que realizam as práticas sob a orientação do professor. A exemplo do que ocorria, nessa época, no ensino de prática profissional, as ciências aplicadas passaram a utilizar também a técnica de estudo dirigido, com realização de experimentos, seguidos de registros, apontando princípios e generalizações com resultado das atividades realizadas pelos alunos.

> Na mecânica desse processo, o aluno manipula, observa, discute com seus colegas e anota suas observações. Essa prática contribui para que a atitude do aluno se modifique. Ao manipular, o aluno estabelece relação de causa e efeito, modificando sua conduta, dando-lhe uma atitude científica.[16]

Segundo publicação do Departamento Nacional do SENAI, para o ensino de cada unidade de ciências são utilizadas quatro folhas: estudo do equipamento, experimentação, aplicações tecnológicas e anotações, além do guia do professor[17]. Nas páginas 25 a 30, há exemplos de cada uma delas.

Em 1973, a metodologia de ensino de ciências é assim apresentada:

> Para que os objetivos possam ser atingidos, várias estratégias deverão ser usadas pelos docentes [...]. Entre elas, destacam-se pela ordem:
>
> - a *experimentação* como indiscutível meio para desenvolvimento de atitude científica que põe em evidência a *observação*, permitindo o levantamento de problemas. É evidente que a experimentação pode ser atingida através do trabalho de grupo ou demonstração pelo docente;
> - a *pesquisa* em grupo ou individual, para certos assuntos, é de salutar efeito, quando a consulta a fontes adequadas coloca o aprendiz diante de uma realidade futura e, ao mesmo tempo, enseja consulta e seleção de informações;

---

16. SENAI-SP. *O ensino de ciências no SENAI*. São Paulo, 1969. p. 5.
17. BOLOGNA, Ítalo. *Formação profissional na indústria*: o SENAI. Rio de Janeiro: SENAI-DN, 1969. p. 92, 98-103.

- o *recurso audiovisual* se constitui também num excelente auxílio, quando usado no momento adequado.[18]

Alunos em práticas de ciências aplicadas.

Em 1977, o manual do professor[19] registra como objetivos principais de ciências aplicadas:

- fornecer ao aprendiz princípios básicos de física, química e físico-química, indispensáveis à compreensão dos fenômenos científicos, cuja aplicação na prática, através da tecnologia, torna-se cada vez mais difundida;
- fazer a aplicação imediata dos princípios científicos estudados, levando o aprendiz a compreender o porquê dos fenômenos (ações)

---

18. SENAI-SP. Divisão de ensino supletivo de 1º grau. Serviço de educação geral. Supervisão de Ciências Físicas e Biológicas. *Programa de Ciências Aplicadas* – Curso de Aprendizagem – Modalidade 3. São Paulo, 1973. p. 1-2.
19. AMARAL FILHO, Dario do. *Ciências Aplicadas* – Manual do professor. São Paulo: SENAI-SP, 1977. p. 2-3.

Acervo Senai-SP

1.º GRAU	USO DO BICO DE BUNSEN	CIÊNCIAS

Objetivo da preparação

Aprender a usar correta e seguramente o bico, quando aceso. Regular a chama.

Material:

Bico de Bunsen

Fósforos

Operações:

— Ponha o bico sôbre a mesa e verifique se está firme.

— Verifique se não há escapamento de gás.

— Feche a janela de entrada de ar.

— Aproxime a chama de um fósforo ao queimador e abra um pouco a torneira de gás.

— Regule a entrada de ar até a chama ficar azul.

— Feche a torneira do gás.

— Repita tôdas as fases.

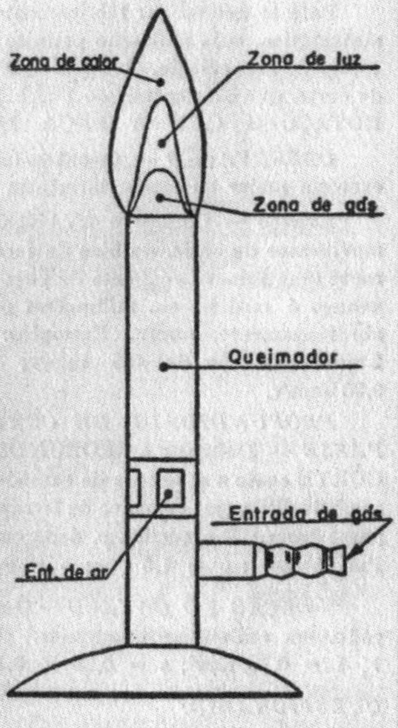
Zona de calor
Zona de luz
Zona de gás
Queimador
Entrada de gás
Ent. de ar

SENAI	FÔLHA DE ESTUDO DO EQUIPAMENTO	FEE — N.º Ref. FEE- 4

Além da teoria

| ENERGIA CALORÍFICA | BONS E MAUS CONDUTORES | CIÊNCIAS |

Objetivo da experimentação

Verificar a condutibilidade nos sólidos.

Material:

Hastes de: vidro
latão
ferro

Experimentação:

— Cada aluno do grupo segure uma haste perto da extremidade.

— Coloquem ao mesmo tempo as extremidades das hastes na chama do Bico de Bunsen.

— Se necessário, recuem a mão ao longo da haste.

— Após algum tempo retirem as hastes e comparem a que distância estão seguras.

— Troquem idéias sôbre êsse fato.

— Façam as anotações.

— Classifiquem os materiais usados quanto à sua condutibilidade térmica. Anotem na F.A.

— Tentem explicar a conclusão a que o grupo chegou.

— Chamem o professor e anotem suas conclusões.

| SENAI | FÔLHA DE EXPERIMENTAÇÃO | FE — N.º Ref. 19 |

| 1.º GRAU | CARACTERÍSTICAS DOS SÓLIDOS — DUREZA — | CIÊNCIAS |

Cobre para mordente

Macete

Protetores para madeiras moles

Outras técnicas usadas na indústria mostram a importância do conhecimento da DUREZA de um material (substância). Por exemplo, os protetores de cobre usados para prender peças de aço nas morsas evitam que os mordentes duros provoquem deformações; os macêtes de madeira, borracha ou plástico são usados com igual objetivo.

Na indústria da madeira (marcenaria) igual cuidado é observado quando se trabalham nas madeiras moles: os protetores nesse caso são de dureza menor que a da peça.

As copiadoras pantográficas são exemplos também da importância do conhecimento da dureza dos materiais. Nelas, tanto os apalpadores como as ferramentas devem ter dureza maior que a do modêlo e a da matriz.

Ainda no campo da madeira, quando se pesquisam os *Vernizes*, são feitos testes de dureza dêsses materiais para melhor proteção da madeira contra deformações.

Esta preocupação existe paralelamente às características de comportamento químico dêsses vernizes protetores.

Os rolamentos de esfera e de roletes são outros exemplos que destacam a importância do conhecimento da dureza de materiais.

Sendo elementos de máquinas que trabalham em condições de grande atrito e grandes pressões sem suficiente lubrificação, sòmente a grande dureza é que possibilita um desgaste mínimo.

| SENAI | FÔLHA DE APLICAÇÕES TECNOLÓGICAS | FAT — | N.º Ref. 3 |

| 1.º GRAU | CARACTERÍSTICAS DOS SÓLIDOS — DUREZA — | CIÊNCAIS |

Na fabricação de ferramentas de corte ou de penetração, tais como limas, tesouras, bites, punções, fresas, etc., a dureza é a característica mais importante. Os aços com que essas ferramentas são feitas devem ser mais duros e, por isso, são temperados.

A dureza Brinell de aços para ferramentas está entre 190 e 290 DB, antes da têmpera.

Há casos em que a dureza deve ser menor. Os casquilhos ou buchas para mancais, anéis de segmentos, etc., devem possuir dureza menor que a dos eixos ou das paredes dos cilindros. É preferível substituir um par de casquilhos ou os anéis de segmentos dos pistões do que desgastar o eixo ou as paredes do cilindro, inutilizando-os.

O próprio ferro fundido, quando empregado na fabricação de mancais, é de baixa dureza, devido à grande percentagem de grafite que funciona como lubrificante.

Na fabricação dos rebolos de abrasivos, também se busca, além de outras qualidades, a dureza. Isso é obtido através de minerais duros moídos ou também produtos sintéticos de grande dureza que, após a trituração, são misturados ao aglutinante e em seguida tratados tèrmicamente.

As substâncias mais usadas na fabricação de rebolos são: quartzo, corindon, diamante, esmeril (óxido de alumínio), carboneto de silício obtido pelo tratamento a 2 200ºC da sílica e carbono.

A dureza dos abrasivos varia de 9 a 10 Mohs. (A dureza dos minerais é avaliada em escala organizada por Mohs e que por essa razão tem o seu nome.)

| SENAI | FÔLHA DE APLICAÇÕES TECNOLÓGICAS | FAT — N.º Ref. 3A |

Como traçamos um caminho

Acervo SENAI-SP

| Data:........./........./19....
FÔLHA DE ANOTAÇÕES

OBJETIVOS DAS EXPERIÊNCIAS

| ANOTAÇÕES | ESQUEMAS |

CONCLUSÕES:

ALUNO:.........................
VISTO:.........................
      Professor

FA.......... ....GRAU   CIÊNCIAS GERAIS

Além da teoria

Acervo Senai-SP

| ENERGIA CALORÍFICA | BONS E MAUS CONDUTORES | CIÊNCIAS |

Objetivo da experimentação:

    Estudar a diferença de condutibilidade dos sólidos.

Material:

    Haste de mesmo diâmetro de: vidro
                                       latão
                                       ferro (eletrodos)
Bico de Bunsen

Atividades:

— Acompanhe a distribuição do material.

— Observe para que os alunos não segurem as hastes demasiadamente próximo da extremidade.

— Deixe-os trabalhar.

— Verifique se o grupo discute a experiência. Estimule-os a isso.

— Obtenha a conclusão de cada grupo.

— Discuta com a classe a melhor conclusão.

— Faça-os anotar na F.A.

— Acompanhe a devolução do material.

Conclusões prováveis

— O calor se propaga com velocidades diferentes nos diversos sólidos.

— O vidro não conduz o calor.

— Os metais conduzem bem o calor.

— Metais diferentes têm condutibilidades diferentes.

Recomendar que após as experiências não toquem nas extremidades das hastes, deixando-as sôbre a chapa protetora até esfriar.

| SENAI | FÔLHA GUIA DO PROFESSOR | FGP — N.º Ref. 19 |

físicos, químicos e físico-químicos que ocorrem ou ocorrerão no exercício de sua vida profissional;
- desenvolver no educando atitudes científicas diante dos fatos;
- desenvolver no aprendiz a capacidade de observação, reflexão, iniciativa, compreensão, crítica e redescoberta.

Evidenciando a preocupação em estabelecer o contínuo relacionamento com outras áreas de conhecimento, de um modo especial com a prática profissional, o manual do professor, de 1977, apresenta a seguinte estrutura do material didático utilizado:

- Informação (teoria geral sobre o assunto).
- Experimentação (verificação dos princípios).
- Aplicação (compreensão dos fenômenos que ocorrem nas oficinas de aprendizagem).

Com relação à *aplicação*, enfatiza o manual:

É a parte mais trabalhosa, por envolver a pesquisa de cada um, nos laboratórios "vivos" que são as oficinas de aprendizagem. Descobrir o que existe de física, química e físico-química nas atividades das diferentes ocupações e trazer os resultados das descobertas para a sala de ciências é o meio mais eficiente de que o professor de ciências dispõe para tornar sua disciplina uma verdadeira fonte de explicações das atividades desenvolvidas pelos aprendizes.[20]

O depoimento, resumido a seguir, do professor Sérgio Rubens Vieira de Almeida, que lecionou ciências aplicadas de 1969 a 2004, ilustra os objetivos definidos e a metodologia de ensino utilizada.

Como era o ensino de ciências? Era fundamentado em experimentações que permitiam ao aluno perceber os fenômenos físicos e químicos. Para ele, tudo era novidade. A técnica era da redescoberta e o fio condutor era o método

---

20. Ibidem, p. 5.

científico. Embora não houvesse a preocupação do aprofundamento teórico da concepção do método, a redescoberta de princípios ajudava o aluno a perceber e encontrar significado para alguns fenômenos que ocorriam na prática de oficina. Mesmo que o educando não soubesse explicar a teoria do método, as estratégias de ensino permitiam que a prática das atividades conduzisse à formação de certa disciplina mental, que o levasse à melhor compreensão de outras situações e, inclusive, à construção de um plano de trabalho mais eficiente. Um plano em que pudesse traçar objetivos, elaborar e testar com segurança suas hipóteses e chegar a conclusões úteis para ele e para a empresa em que trabalhava.

A partir da década de 1970, o material didático começou a ser reescrito, com atualização dos textos, supressão de alguns experimentos e inclusão de outros.

Merecem destaque, na década de 1980, a construção e a implantação do Planejamento de Ensino e Avaliação do Rendimento Escolar (Peare), que estabelece diretrizes para os docentes planejarem suas atividades, tendo como fundamento a definição de objetivos gerais e específicos, dos quais derivam os conteúdos a serem ensinados, bem como as estratégias de ensino e de avaliação do rendimento escolar.[21]

Sistematiza-se, a partir do ano 2000, a denominada "metodologia de ensino com base em competências", que, mais do que nunca, reforça a necessidade do desenvolvimento de atitudes e raciocínio científicos para fazer frente a contextos laborais mutantes, que incessantemente introduzem novas tecnologias a serem desvendadas e situações desafiadoras a serem solucionadas.

Cabe ressaltar que a atualização de conteúdos e tecnologias, a modernização de recursos e a introdução de novas diretrizes para planejamento e avaliação não implicaram mudanças significativas na dinâmica e nas estratégias utilizadas em ciências aplicadas no SENAI-SP.

---

21. A respeito, *vide Planejamento de ensino e avaliação do rendimento escolar (PEARE)*. São Paulo: SENAI-SP Editora, 2012.

CAPÍTULO II

Aonde chegamos

Da informação para a formação

A finalidade declarada das aulas de ciências aplicadas é a aprendizagem de conhecimentos científicos, mediatos e imediatos, necessários à compreensão e aplicação na área profissional. O ensino do Senai sempre foi marcado pela interdisciplinaridade e pela articulação entre teoria e prática, mesmo antes de os modelos educacionais darem especial importância à contextualização dos conteúdos. Pela própria natureza da formação promovida, os conhecimentos das diferentes áreas dão suporte ao desenvolvimento de habilidades – motoras e cognitivas – requeridas para o desempenho competente de funções profissionais.

No caso das aulas de ciências aplicadas, as estratégias e os conteúdos devem permitir mais do que a realização de práticas profissionais com adequada compreensão dos princípios envolvidos. Há de se considerar que o conhecimento científico é provisório, inacabado. Portanto, torna-se imprescindível desenvolver habilidades para construir o conhecimento necessário ao fazer profissional futuro, ou seja, a capacidade de reconstruir permanentemente o já construído.

No contexto laboral, o que se espera é que o profissional resolva os problemas que a realidade vai apresentando, problemas esses cujas manifestações se alteram com as mudanças de condições e se solucionam de maneiras novas, que requerem não só contínua atualização de conhecimentos como originalidade na maneira de combiná-los e mobilizá-los. E mais: espera-se que os profissionais solucionem os problemas adotando atitudes inerentes à investigação científica, o que implica a mobilização de habilidades cognitivas próprias do raciocínio lógico científico.

A partir da reflexão acerca da experiência do SENAI-SP e dos relatos dos professores Anísio José de Campos e Waldete Siqueira Martins Braga sobre suas vivências com os alunos, destacam-se a seguir alguns elementos que merecem atenção especial do educador, sem a pretensão de fornecer receitas para um trabalho intrincado que requer, além de conhecimento sólido, engenho e sensibilidade.

DE ONDE PARTIR?

Entre o senso comum e o conhecimento científico – um fosso ou uma trilha?

NO DIA A DIA

— *Puxa! Não gosto de química.*

Ouvimos isso como se fosse um desafio. Como fazer que os alunos gostem da matéria que iríamos iniciar? Estaria tão distante de tudo o que conhecem?

Nossa primeira prática de química tem como objeto os *átomos*.

— *Professor, qual é o tamanho de um átomo?*
— O átomo é uma estrutura infinitamente pequena.
— *Queria comparar com uma coisa que eu conhecesse, que eu já tivesse visto...*
— Está bem. Coloquem a mão na cabeça e percebam o diâmetro de um fio de cabelo.

— *É bem fino.*
— Então vamos imaginar. Na minha mão direita tenho um fio de cabelo e na esquerda, um átomo.
— *Certo.*
— Vamos aumentando o fio de cabelo e o átomo na mesma proporção... Pronto. Olhem o átomo, que agora está do tamanho de uma bolinha de tênis de mesa. Vocês estão vendo?

Eles riem e um deles confirma:

— *Claro. Vi o átomo! E o fio de cabelo, com que tamanho está?*
— Como o fio de cabelo foi aumentado na mesma proporção do átomo, agora o seu diâmetro está do tamanho do Estádio do Maracanã!
— *Minha nossa! Olha que tamanho vai ter essa cabeça para segurar todos esses cabelos!*

Desse modo, a ideia da infinita pequenez do átomo foi esclarecida. Agora podemos iniciar a prática, que tem por objetivo a identificação de átomos.

No ensino de ciências, é comum afirmar que se espera do aluno a superação do senso comum por meio do desenvolvimento de atitudes e habilidades requeridas pelo conhecimento científico.

Se colocarmos em um quadro comparativo as características que distinguem o senso comum do conhecimento científico, teremos uma fotografia estática de duas entidades opostas que, na realidade, são dois momentos de um mesmo processo. O conhecimento científico é como uma transformação do senso comum, um direcionamento de suas habilidades em busca de um conhecimento mais ordenado e racional que se dá a partir de um método necessariamente explícito e compartilhado.

O aluno que chega às aulas de ciências aplicadas provavelmente não passou por um processo de aprendizagem dirigido à produção metódica de conhecimento, como o que é requerido pela ciência, mas certamente detém um amplo conhecimento do mundo que dele exigiu a mobilização de uma gama variada de habilidades cognitivas: observa, compara, categoriza, analisa, relaciona, avalia, prevê... Muitos dos conhecimentos que possui são do senso comum, mas a ciência, pelo menos parte expressiva de seus resultados, cada vez mais presente no seu dia a dia, não lhe é totalmente estranha.

No dia a dia

Ao iniciar o estudo da pressão exercida pelos corpos, partimos de uma observação do cotidiano que a maioria já fez:

— Quando vocês eram crianças, já ficaram de pé na cama?
— *Claro que sim.*
— E quando é que o colchão da cama afunda mais, quando vocês estão de pé ou deitados?
— *Quando estamos de pé.*
— Por quê?

Eles pensam e logo respondem:

— *Porque o peso do nosso corpo está apoiado só nos pés, que é menor do que o corpo.*
— Então, falando em área, qual é maior, a dos pés ou a do corpo?
— *A área dos pés é menor. O peso do nosso corpo está apoiado numa área menor do que quando estamos deitados.*
— Certo. Vocês, então, já sabem que $P = F/A$. Pressão (P) é diretamente proporcional à força (F) e inversamente proporcional à área (A).

A partir de um conhecimento prévio, de observação da realidade, os alunos aprenderam que pressão e área são grandezas inversamente proporcionais, ou seja, quanto menor for a área, maior será a pressão, e vice-versa.

Havendo pontos coincidentes entre senso comum e conhecimento científico e familiaridade com resultados da ciência, o ensino-aprendizagem do método e da maneira de pensar própria da ciência se faz a partir do que o aluno já traz, de seu repertório de conhecimentos e habilidades cognitivas. É a partir desse ponto que se pode, entre outras gradativas metamorfoses, refinar a observação, conduzir percursos de raciocínios mais completos e lógicos, levar à formulação de argumentos baseados em evidências e desfazer ideias preconcebidas.

No dia a dia

Certa ocasião, um aluno perguntou por que sua geladeira, antiga, formava gelo na parte interna e externa do congelador. Lembrou-se de que, por diversas vezes, sua mãe o alertara a não usar aquele gelo, porque era formado pelo gás da geladeira. Por muito tempo ele acreditou que esse gelo fosse venenoso.

Em vez de dar-lhe a resposta, considerei mais interessante e eficiente levá-lo a descobrir o que, de fato, acontecia – sozinho, perceberia que sua crença não tinha respaldo científico e, provavelmente, o novo conhecimento assumiria um significado especial. Pedi que aguardasse a próxima aula, quando teria oportunidade de realizar algumas práticas sobre mudanças dos estados físicos da matéria e compreender o que ocorria com a sua geladeira.

Após as práticas, efetivamente realizadas com especial interesse e curiosidade por esse aluno, ele, por si só, chegou à conclusão de que o gelo que se formava no congelador era produto da sublimação do vapor de água da atmosfera, e não produzido pelo gás da geladeira.

No dia a dia

Ao estudar propriedades específicas da matéria, tratamos de desfazer algumas ideias equivocadas, fruto de uma observação incompleta dos fenômenos que pode levar a uma conclusão apressada.

Apresentamos um problema: duas pessoas, que não sabem nadar, pulam em duas piscinas de diferentes tamanhos. As piscinas têm as seguintes dimensões:

1ª piscina: largura de 4m, comprimento de 3m e altura de 2m.
2ª piscina: largura de 2m, comprimento de 1,5m e altura de 2m.

As pessoas teriam mais facilidade para se afogar em qual das duas piscinas?

Respondem sem pensar:

— *Na piscina maior.*
— Vocês têm certeza? Vamos conferir.

Colocamos água em um béquer e em um cristalizador, na mesma altura.

Mergulhamos a cápsula manométrica até o fundo do cristalizador e, em seguida, no béquer. Comparamos os níveis manométricos no tubo em U, ao mergulharmos no cristalizador e depois no béquer.

Verificamos, então, nessa prática, que a altura da coluna líquida interfere na pressão exercida pelo líquido.

Um aluno conclui:

— *Nesse caso, a possibilidade de as pessoas se afogarem nas piscinas é a mesma, porque a profundidade das duas é igual.*

Ressaltamos que a densidade dos líquidos poderia também influenciar, mas que esse fator não foi levado em conta na formulação do problema.

Um aluno lembra, então, que o Mar Morto é chamado assim devido à grande quantidade de sal nele existente, e que seria muito difícil, nesse mar, uma pessoa se afogar.

Em síntese, o educador deve reconhecer em sua frente um aprendiz de ciência que sabe muito: alguém que já se revelou capaz das aprendizagens mais complexas, e talvez as mais difíceis, sutis e essenciais da vida, que exigem habilidades muito refinadas, como falar, interagir, observar e exercer o controle necessário à sobrevivência diária num mundo com inúmeras e mutantes solicitações. É a partir desse repertório bem-sucedido que se delineia um novo caminho de aprendizagem.

No dia a dia

Pergunto aos alunos o que é o calor.
Silêncio total.

— Imaginem uma situação: em um dia muito frio, vocês, meninos, estão passeando de mãos dadas com a namorada. Sentem que as mãos dela estão muito mais frias que as de vocês. Concordam que os meninos em geral têm as mãos mais quentes que as meninas?
— *É mesmo, nós, meninas, sentimos mais frio que os meninos e temos as mãos mais geladas.*
— Os meninos esquentam as mãos das meninas ou as meninas esfriam as mãos dos meninos?
— *Acho que os meninos esquentam as nossas mãos.*
— O que podemos concluir com isso?

Cada um ao seu modo responde que o calor passa das mãos mais quentes para as mais frias.

— Vamos recordar. Aprendemos que as partículas estão em constante vibração. Não foi?

Os alunos respondem em coro:

— *Sim.*

— As partículas – átomos, íons, moléculas – que constituem os materiais estão em constante vibração, pois são dotadas de energia de agitação. Essa energia de agitação é conhecida pelo nome de *energia térmica*.

— Se conseguíssemos enxergar a estrutura cristalina de um pedaço de aço à temperatura ambiente, por exemplo, veríamos que átomos de ferro e carbono estão vibrando sem saírem do lugar. Os átomos, que constituem o cristal, estão dotados de energia térmica.

— Calor é o estado de agitação das partículas que passa de um corpo para outro quando entre eles houver diferença de temperatura.

— *Então, professora, as mãos dos meninos e das meninas também possuem energia térmica, não é?*

— Sim, possuem. Será que é correto dizer que as mãos dos meninos possuem mais calor que as mãos das meninas?

— *Acho que não é. Só quando as mãos quentes dos meninos transferem energia térmica para as mãos frias das meninas podemos dizer que aconteceu troca de calor.*

— Isso mesmo, não é correto, porque calor é o processo de transferência de energia térmica de um corpo para outro em virtude da diferença de temperatura entre eles. Agora vamos deixar os namorados em paz e continuar nossa aula.

E assim damos continuidade à aula.

— Na oficina vocês manuseiam vários tipos de materiais e já reconhecem que alguns deles precisam ser melhorados para obter as propriedades mecânicas necessárias ao trabalho que executam. E para que isso aconteça, o material tem de passar por tratamento térmico, que envolve aquecimento, permanência e resfriamento, por isso é importante estudar o calor...

Como desmistificar a ciência?

Quem faz a ciência – originais inventores malucos ou pessoas que compartilham uma mesma maneira de produzir conhecimento?

No dia a dia •

O semestre começa e a escola fervilha de alunos. Como sempre, os do primeiro termo se perdem pelo pátio e pelos corredores, apesar de os ambientes serem sinalizados.

— Olha lá o laboratório!

Que sala era aquela? Muito diferente de tudo o que eles já haviam visto no dia a dia escolar e também distante da imagem que tinham de laboratórios dos filmes de ficção científica – tem bancadas e banquinhos. Sentavam virados para frente, para trás, no meio da sala, aglomerados em duas das quatro bancadas.

Organizo todos em seus lugares. Na minha cabeça passavam alguns pensamentos, na dos alunos, muitas indagações:

— Será que ciências aplicadas é difícil?
— O que vamos fazer sentados assim?

Também passavam alguns medos. Ao saberem da existência de uma sala de preparação atrás daquela outra porta, um dos mais ansiosos, com olhar de espanto, questiona:

— Vamos fazer experimentos, não é professora? Naquela salinha ali tem algum cadáver?

• •

Embora familiarizados com as tecnologias decorrentes dos avanços científicos, é comum que as pessoas vejam os resultados da ciência como invenções fantásticas, que surgiram repentinamente de mentes iluminadas e excêntricas. A figura do cientista não raro se confunde com a do Professor Pardal, cujos inventos fabulosos brotam assim, não mais, da luz de uma lâmpada que aciona o espírito criador.

Apresentar o aluno aos experimentos, evidenciando-lhe que o método de trabalho e a maneira de pensar de um cientista em um laboratório equipado com os instrumentos mais potentes e modernos são, essencialmente, os mesmos que irá adotar nas atividades de aprendizagem previstas, ainda que com materiais e equipamentos por vezes menos sofisticados, é o modo mais concreto e possivelmente mais eficaz de desfazer essa imagem equivocada.

Se por um lado se desfaz a "aura" misteriosa e, por isso, glamorosa da ciência – que, na realidade, se faz de trabalho metódico, repetitivo e até árduo –, por outro se abre ao aluno a perspectiva de também fazer parte dessa comunidade de pessoas "bem pensantes", de vir a ser capaz de mais do que admirar de fora: ao replicar experimentos, começará a desvendar de onde vêm as descobertas, como são feitas, o que é necessário para considerá-las válidas, como um conhecimento leva a outro ou invalida outro até então tido como válido, como nada, mesmo em ciência, é seguramente certo e definitivo.

Nesse trabalho de desfazer o mito, é importante levar o aluno a perceber que a essência da ciência não são os laboratórios sofisticados nem os equipamentos potentes de última geração, mas a maneira de produzir o conhecimento sobre a realidade. Um microscópio potentíssimo só permitirá ver coisas muito miúdas, não visíveis a olho nu; um aplicativo informático só possibilitará fazer simulações de manipulação de variáveis com maior liberdade e sem riscos ou cálculos em menor tempo. Nem um nem outro são ciência, mas apenas recursos de auxílio ao fazer científico, porque o microscópio requer alguém que observe e o aplicativo informático requer alguém que determine as variáveis que serão manipuladas e os cálculos a serem processados. Observar, manipular variáveis e analisar dados é que são as habilidades mobilizadas no trabalho científico, transferíveis de um material, um equipamento ou um ambiente mais simples, acessíveis, a outros mais sofisticados, de difícil acesso – portanto, são as que realmente importam num processo de aprendizagem.

No dia a dia

Costumamos propor uma prática muito simples para que os alunos verifiquem uma reação química de simples troca. Cada grupo de alunos recebe um prego de aço não oxidado, um pedaço de barbante e um béquer com aproximadamente 150mL de solução de sulfato de cobre. Enfim, nada que seja mirabolante ou desconhecido dos alunos.

Todos os alunos seguem as instruções: amarram o barbante na cabeça do prego; mergulham o prego, suspenso pelo barbante, no béquer com a solução de sulfato de cobre por 3 minutos; retiram o prego e observam o que aconteceu.

Mesmo manipulando materiais tão simples, o espanto diante do que observam não costuma ser menor do que se vissem detalhes de um átomo usando um microscópio ultrapotente.

— *É mágica, o prego está brilhando!*
— *O nosso grupo verificou que o prego enferrujou.*
— *Será que é ferrugem?*
— *O nosso grupo acha que houve uma reação química.*
— Sim, houve uma reação química. Mas como vocês explicam isso?
— *Professora, é cobre. Olha como o prego está meio dourado!*

Os alunos observam, observam, até que um grupo, mais atento, conclui:

— *É uma reação química: uma substância simples reage com uma composta.*

Anoto na lousa a fórmula e enfatizo a conclusão do grupo.

— Uma reação de simples troca se dá sempre entre uma substância simples e uma composta. A substância simples troca de lugar com um elemento da substância composta.

....

Convém lembrar que não é raro que até educadores, sob uma justificativa mais elaborada, que recai na desatualização e no descompasso com o desenvolvimento tecnológico, considerem inviável promover situações de aprendizagem em ciências aplicadas quando não se pode dispor de laboratórios muito bem equipados. Se admitirem que as habilidades se transferem, verão um mérito em trabalhar com situações, materiais e equipamentos familiares ao aluno, principalmente num primeiro momento de contato com o método científico: o aluno poderá transferir o aprendido mais natural e rapidamente para as suas situações do cotidiano, como ao preparar um alimento, ao tentar descobrir a causa de um defeito em um aparelho doméstico e ao prever a reação de uma mistura de substâncias.

No dia a dia

Nas tão pouco sofisticadas práticas de mudanças de estados físicos da matéria, os alunos percebem que um líquido, para se tornar vapor, precisa absorver calor de alguma fonte, que o calor sempre vai naturalmente da região mais quente para a mais fria e que mudanças de estado físico acontecem nas mais variadas situações, sem que para isso tenhamos de interferir. A partir daí, chegam a conclusões relacionadas ao cotidiano.

— *É isso que acontece com o espelho do banheiro, que embaça durante o banho; os vidros dos veículos no inverno; os azulejos da cozinha, que umedecem com a panela de pressão no fogão; a lata de refrigerante, que molha por fora nos dias de calor...*

Por que refazer e redescobrir o que outros já fizeram e descobriram?

Ciência: sociedade secreta ou comunidade aberta?

No dia a dia

Estávamos introduzindo a parte prática de medidas físicas e unidades.

Depois de explorar com os alunos o conceito de medida, os possíveis erros e os cuidados para evitá-los ou minimizá-los, a importância das medidas de precisão no mundo do trabalho, partimos para a parte prática.

Pedimos a colaboração de cinco alunos para medir o comprimento da mesa, com os instrumentos de medidas que possuíam. Cada aluno, separadamente, devia medir o comprimento da mesa e entregar um papel com o valor obtido ao professor, sem revelá-lo aos colegas. Somente depois que todos entregaram seus papéis, revelamos o nome de cada aluno e o valor por ele obtido. Foi uma surpresa geral quando os alunos perceberam que os valores eram diferentes para a mesma mesa. Cada um defendeu o seu valor.

– *Eu medi certo!*

Aproveitamos para reforçar os cuidados, citamos erros de medição provocados pelo operador, instrumento, ambiente e método de medida. Ressaltamos também a importância e os cuidados que devem ser tomados quando se está em uma aula na oficina ou no laboratório, em que medir é uma operação corriqueira e de suma importância. Medir deve ser um ato de responsabilidade, pois um deslize em uma medida pode trazer consequências desastrosas num processo de produção ou numa linha de montagem.

Os alunos passaram a realizar medidas com diferentes instrumentos, como paquímetro e termômetro. No final da aula, convencidos de que os alunos já estavam mais atentos para evitar erros na medição, pedimos que medissem, com suas réguas, peças de igual tamanho, confeccionadas na oficina mecânica da Escola S<small>ENAI</small>.

Mas qual foi nossa surpresa, quando acompanhávamos os alunos durante essa prática, ao constatar que os valores obtidos por uma parte dos alunos não coincidiam com os valores obtidos pelos demais. Ao ir à sala de preparação, confirmamos que tínhamos escolhido as peças corretamente. O que poderia ter ocorrido?

Em cada bancada, medimos a peça com a régua do aluno e verificamos que o resultado por ele obtido estava correto. Depois de ir e vir, quando já estávamos acreditando que naquele dia tudo estava dando errado, um fato chamou nossa atenção: muitos alunos da sala tinham uma régua amarela na mão.

— Vocês compraram essas réguas hoje? Todos no mesmo lugar?
— *Não, professora, ganhamos de um candidato que estava fazendo propaganda eleitoral na porta da escola.*

Mistério esclarecido: o nome do candidato era comprido e na propaganda deveria também constar o seu número, para facilitar a vida do eleitor, de tal maneira que, em sua régua muito particular, 1cm correspondia a 1,3cm!!!

Não sabemos se a tal régua contribuiu para eleger o candidato, mas possivelmente provocou uma das melhores e mais memoráveis discussões sobre instrumentos de medida, precisão, rigor e responsabilidade.

A ciência não é magia, os que a fazem não podem ser como ilusionistas, que escondem seus truques para maravilhar as pessoas com os resultados. Tampouco é arte, que é valorizada pela originalidade, pelo estilo único que provoca encantamento ante o que surpreende e escapa à explicação racional.

Ao contrário, a ciência é conhecimento compartilhado, que requer comunicação precisa, replicação, raciocínio lógico, reafirmação por outros. A validade e permanência de um conhecimento científico dependem de outros chegarem aos mesmos resultados, sob as mesmas condições, e aceitarem como irrefutável a lógica do raciocínio que conduziu à conclusão.

Refazer e redescobrir é uma condição especialmente esclarecedora na compreensão mais exata do que vem a ser o conhecimento científico, como se faz, se estabelece e se renova. A principal finalidade das aulas de ciências aplicadas não é conhecer soluções já descobertas e tidas até o momento como válidas – isso se encontra nos livros, transmite-se em aulas teóricas. O propósito final é exatamente aprender como chegar a essas soluções, compartilhar do método e das atitudes inerentes ao conhecimento científico.

Para o aluno, a experiência é sempre um processo de descoberta, ainda que o resultado seja conhecido. Ele percorre o caminho que conduz à conclusão e aí reside a novidade.

O aluno vivencia quesitos do caráter necessariamente aberto da ciência: uma conclusão só é válida se puder ser comprovada por outros e, para isso, deve ser partilhada, comunicada com clareza e objetividade de tal maneira que possa ser posta à prova. A repetição, necessária em ciência, diminui a possibilidade de acidentes que possam ser responsáveis por conclusões precipitadas e reafirma a validade de um princípio ou relação a que se chegou para explicar a ordem existente entre os eventos naturais. Um resultado científico goza de maior credibilidade quanto maior for o número de repetições que o reafirmem, quanto mais consistentes forem os argumentos que o sustentem. Tantas aprendizagens decorrem daí: acompanhar a ordenação encadeada de um procedimento, observar, formular argumentos que tenham sustentação lógica, comunicar suas conclusões de maneira clara e objetiva.

No âmbito mais geral, a compreensão clara dessas exigências tende a transformar o aluno em um ser mais crítico, menos manipulável pela veiculação inconsequente de informações, particularmente a da propaganda, que afirma e não fornece dados comprobatórios. Terá uma formação que deve torná-lo menos permeável às sucessivas panaceias de moda que curam todos os males, à afirmação definitiva e pretensamente inquestionável de que determinados fatos têm comprovação científica, ao apelo de especialistas para a compra de determinados produtos sustentado exclusivamente pela força do argumento de autoridade. Em síntese, a ideia é dar-lhe condições de contar com recursos intelectuais mais efetivos para avaliar a credibilidade que merece tudo aquilo de que tentam convencê-lo.

No dia a dia

Na prática de *dilatação volumétrica*, o resultado fica visível aos olhares curiosos dos alunos.

— Por favor, eu preciso de um aluno que meça o comprimento do cilindro de alumínio.

Aparecem vários voluntários para essa tarefa, que agora já é muito simples, se compararmos com a dificuldade que tiveram nas primeiras aulas.

— *Eu meço.*
— Qual foi o resultado? Por favor, fale bem alto para que seus colegas possam anotar.
— *O comprimento da peça é:*

$$\ell_0 = 95\text{mm}$$

— Agora precisamos medir a temperatura da peça.
— *A temperatura é:*

$$t_0 = 26°C$$

Solicitamos que todos venham verificar a posição do relógio comparador, que estava na posição zero.

Aquecemos água, até atingir a temperatura de 60°C, e a colocamos dentro do béquer, que estava com o cilindro de alumínio. Pedimos que todos venham verificar a posição do relógio comparador e anotem a nova posição do comparador micrométrico.

— *O ponteiro se moveu 0,07mm.*
— Então, o comprimento do cilindro de alumínio passa a ser: 95mm + 0,07mm = 95,0mm.

A seguir, solicitamos aos alunos que calculem o *coeficiente de dilatação do alumínio*. Os alunos, atentos, logo falam:

— *É possível calcular? Não temos na tabela?*
— Vamos calcular. Já temos o comprimento inicial da peça = 95mm, a dilatação = 0,07mm, a temperatura inicial = 26°C e a temperatura final, após o cilindro ser aquecido = 60°C.

$$\alpha = \frac{\Delta \ell}{\ell_0 \times \Delta_t}$$

$$\alpha = \frac{0,07mm}{95mm \times 34°C}$$

$$\alpha = \frac{0,07}{3230°C}$$

$$\alpha = \frac{0,0000216}{°C}$$

$$\alpha = 0,0000216°C^{-1}$$

$$\boxed{\alpha = 21,6 \times 10^{-6} °C^{-1}}$$

— *Chegamos quase ao valor da tabela que temos em nossa apostila, que é:*

$$\alpha\, A\ell = 22{,}5 \times 10^{-6}\ °C^{-1}$$

Explicamos que, para chegar ao valor exato, teríamos de ter um alumínio com a mesma composição constante da tabela.

— ... *mas o resultado alcançado foi ótimo.*

Como a ciência vê o mundo?

Ordem ou caos?

No dia a dia

Uma prática muito interessante da propagação de calor por radiação é feita usando termômetros de laboratório, um com bulbo escurecido e outro normal.

Os termômetros são colocados ao mesmo tempo ao lado da lâmpada, para que recebam a mesma quantidade de calor. Observa-se, após alguns minutos de exposição ao calor, que o termômetro com bulbo escuro ou fuligem aquece mais rápido.

Os alunos anotam a temperatura dos dois termômetros minuto a minuto. Percebem que o termômetro de cor escura vai adquirindo temperaturas maiores que o de cor clara.

Depois de desligada a lâmpada, continuamos a marcar as temperaturas registradas pelos termômetros. Constatamos que o termômetro de cor escura se resfria mais rápido que o de cor clara.

Nesse momento, após a observação dos fenômenos, os alunos entendem a influência das cores na absorção e reflexão do calor por radiação.

Para finalizar o estudo sobre propagação do calor, os alunos, reunidos em grupo, chegam às seguintes conclusões:

- cores escuras são bons absorventes de calor, maus refletores e bons emissores;
- cores claras são maus absorventes de calor, bons refletores e maus emissores.

A partir dessas conclusões, conseguem entender o uso de cores nas indústrias – como, por exemplo, a pintura de interiores de fornos industriais – e, até mesmo, a escolha da cor de roupa nos dias quentes. Em síntese, descobrem uma relação entre cores e propagação de calor que lhes permite fazer previsões com alta probabilidade de acerto.

A ciência parte da suposição de que eventos da natureza mantêm uma relação ordenada com outros eventos. O conhecimento científico busca evidenciar a ordem subjacente aos fenômenos que estuda. Pela experimentação ou observação, buscam-se os fatores que, com grande probabilidade (nada é certo e definitivo), sejam os determinantes dos fenômenos.

Foi exatamente essa busca para conhecer a ordem que permitiu o controle da natureza pelo homem. Se, ao contrário, a ciência partisse do pressuposto de que a natureza é caprichosa e caótica, o controle seria acidental, não previsível, nossas necessidades de sobrevivência, desde as mais básicas, estariam ameaçadas, à mercê da sorte. Se não existe ordem, como entender o mundo, prever acontecimentos, evitar o perigo, alterar condições?

Na realidade, o senso comum também busca a ordem, mas de uma maneira menos rigorosa e metódica do que a ciência. O senso comum pode buscar a ordem contagiado por emoções, crenças, desejos – interferências que a ciência, por seu método, tenta neutralizar com quesitos de rigor, como o controle, a observação objetiva, a verificação, a mensuração, a comunicação objetiva, a replicação.

Por outro lado, certas situações escapam ao senso comum. Quando abordamos o mundo das grandes velocidades próximas às da luz, a noção de tempo é alterada – passará mais devagar quanto mais rapidamente nos movimentarmos. Quando lidamos com o mundo muito pequeno do interior dos átomos, introduz-se a noção de *dualidade* em que o *elétron*, partícula constituinte do átomo, ora se comporta como partícula ora como onda. Exemplos como os mencionados evidenciam que nem sempre podemos contar ou partir apenas do senso comum para aprofundar o conhecimento científico. Nesses casos, é necessário dispor de ferramentas nas quais a ciência repousa, como a matemática, para a teoria, e os equipamentos de alta energia e precisão, para a compreensão dos fenômenos.

As relações entre fenômenos observadas na realização das experiências, os cuidados para manter as condições especificadas, a mensuração cuidadosa mostram ao aluno uma maneira mais rigorosa e exigente de buscar explicações e, a partir delas, fazer previsões. A finalidade é que essa maneira mais rigorosa seja transferida para situações práticas cotidianas, particularmente as de trabalho, o que, muito provavelmente, deve aumentar a eficiência na solução dos problemas que requerem descobrir uma ordem para previsão e rearranjo programado de condições.

No que a ciência acredita?

Ver para crer ou crer para ver?

No dia a dia

Começamos a aula sobre força perguntando se eles acreditam em coisas que não veem. Alguns acreditam em alma do outro mundo, em fantasmas e em outros entes imaginários.

— Vocês já viram a força?
— *Não.*
— Não viram, mas sabem o que é?
— *Professora, a força a gente não vê, mas enxerga o que ela faz.*
— Por favor, falem sobre um efeito da força!
— *Ah! Quando um carro bate num poste, ele amassa todo. Foi a força que impulsionou o motor que fez o carro bater, mas não vimos a força, só vimos o carro batido.*

Para minha satisfação, o exemplo foi perfeito! Explicito que o que vimos foi o efeito da deformação.

....

A investigação científica, em geral, parte de perguntas acerca de algo, tais como "Haverá relação entre x e y?", "Se substituirmos a por b, continuará ocorrendo c?" "O que acontece se misturarmos c com d?".

Para verificar o que, de fato, acontece, é preciso observar, não vale apenas imaginar. Para observar, ou se busca na natureza uma situação em que x e y estejam presentes ou, deliberadamente, se colocam juntos x e y, isto é, manipulam-se as variáveis sob condições controladas. Ou seja, é preciso "ver", ainda que este ver signifique inferir pelo comportamento de outras variáveis que indiquem a presença de x e y.

A ciência exige ir até o fato, experimentar, ao contrário de outros tipos de conhecimento, como a filosofia, que pode ser produto apenas de um encadeamento lógico racional.

A realização de experiências, paulatinamente, deve dar ao aluno a noção de que nem toda pergunta pode ser respondida pela ciência porque, pelo menos no estágio atual do conhecimento, não existem condições de verificação empírica.

Por outro lado, ao vivenciar diretamente a verificação nas sucessivas atividades das situações de ensino e aprendizagem, sua habilidade de observação deverá ser alvo de um direcionamento criterioso

– aprenderá a observar com foco dirigido, com a maior objetividade e acuidade possíveis.

Num primeiro momento ou na realização de experiências mais complexas, um roteiro cuidadosamente elaborado pode auxiliar os alunos a observarem de maneira seletiva, dirigindo sua atenção ao que é relevante na situação. Por exemplo, numa situação, o material de que é revestido um fio pode ser uma variável relevante, a cor pode ser irrelevante; em outro, pode ocorrer o oposto. Nem sempre essa distinção é óbvia para o aluno, algumas vezes por não ter clareza da relação a ser verificada, do propósito da experiência e, outras vezes, pela própria complexidade do procedimento.

A observação requer registro objetivo do que é apreendido pelos órgãos do sentido. Dados registrados, numa etapa seguinte, devem ser organizados para permitir evidenciar, com clareza e objetividade, possíveis relações. Organizar supõe o desenvolvimento de habilidades como comparar, separar em categorias, construir recursos gráficos que permitam sintetizar e visualizar rapidamente as informações, tais como quadros, tabelas e gráficos.

No dia a dia

O objetivo da aula era identificar alguns tipos de átomos pela coloração da chama obtida no bico de Bunsen.

Coloquei sete substâncias diferentes, todas do tipo cloreto, separadas, uma em cada vidro de relógio. No béquer adicionei 5mL de ácido clorídrico concentrado. Montei uma tabela com os nomes das substâncias para que os alunos a completassem, indicando a coloração da chama à medida que fôssemos desenvolvendo o experimento.

As extremidades do fio de níquel-cromo, com aproximadamente 10 cm de comprimento, foram umedecidas no ácido clorídrico diluído e, a seguir, colocadas no vidro de relógio contendo o cloreto de lítio sólido para que uma porção desta substância aderisse à extremidade umedecida.

Coloquei a extremidade do fio de níquel-cromo, contendo a porção de cloreto de lítio aderida, na chama do bico de Bunsen. Pedi aos alunos que observassem a cor da chama e escrevessem, no campo apropriado da tabela, a cor que viram, pois, nesse caso, era a variável que interessava.

Esse procedimento foi repetido com as outras substâncias, e cada vez que a substância era levada à chama do bico de Bunsen, uma nova cor era observada, e as exclamações não eram poucas.

— *Olha que linda essa cor!*
— *Como se obtêm diferentes cores?*
— *Dos átomos dos metais.*
— *Não são do cloreto de lítio, do cloreto de potássio, do cloreto de sódio etc.?*

Após chegarem a um consenso, um dos alunos apresenta a conclusão do grupo.

— *Não professora, se as cores fossem obtidas dos cloretos, seriam iguais. Como são diferentes, são as cores associadas aos átomos dos metais: lítio, potássio, sódio, bário, estrôncio e cobre.*

Fiquei muito feliz com o resultado!

Como explicar o que foi constatado?

Quais os limites da imaginação?

Se até o momento se permaneceu no campo do que é captado pelos sentidos, agora se busca o invisível — o enunciado que explica a relação inferida de tudo o que foi observado. Talvez seja a parte mais difícil de todo o processo, pois implica, a um só tempo, mobilizar a imaginação e a cautela.

Os fatos observados — a ebulição do líquido a determinada temperatura, a caixa de leite em estado sólido boiando na água e a caixa de leite em estado líquido afundando ou o que quer que tenha sido constatado — por si sós não explicam coisa alguma. É preciso "ver" além dos fatos, imaginar o que pode estar por trás, que tipo de ordenação faz que as coisas se comportem de uma maneira e não de outra.

Esse imaginar está longe de ser "livre imaginar". A ciência é parcimoniosa, comedida, cautelosa, dá preferência às explicações mais simples, com convincente suporte de evidências: afinal, suas conclusões serão expostas à análise criteriosa de outros.

Várias explicações poderiam ser formuladas para o fato de a caixa de leite congelado flutuar e a caixa de leite líquido afundar num recipiente com água: alteração de peso, metamorfose dos átomos decorrente da alteração de temperatura, repulsão entre as moléculas da água líquida e do leite congelado, o leite ser produto de uma ordenha realizada no inverno, a deterioração do leite congelado, uma força invisível que vem das temperaturas baixas, um atributo da embalagem que contém o leite, o resfriamento da água do recipiente em contato com a caixa de leite congelado, a densidade do leite congelado e do leite líquido em relação à densidade da água...

Entre as explicações anteriores, há aquelas que podem ensejar novas investigações para obtenção de maior número de evidências que as suportem e há aquelas que não se sustentam por apresentarem inconsistência injustificável com um corpo de conhecimentos já acumulados pela ciência ou simplesmente por serem inalcançáveis, mirabolantes, recorrerem ao pensamento mágico, não se prestarem para realizar previsões.

No trabalho com alunos, é interessante levá-los a formular suas conclusões refletidamente, de maneira que sejam capazes de explicitar o percurso do raciocínio e apontar as evidências para cada premissa adotada como verdadeira. Buscar acertar por tentativa e erro ou pela chuva de ideias isenta de crítica não são, para estes fins, procedimentos que ajudem.

Há de se considerar que o raciocínio lógico é um legado cultural, portanto é demonstrável e se aprende: lacunas no percurso e estabelecimento de conclusões que não decorrerem das premissas devem ser apontadas. Por essa razão, teria fraco efeito formativo aceitar do aluno a primeira resposta, irrefletida, ou até a resposta plausível a que chegou por tentativa e erro. Mais importante do que a resposta é aprender a pensar com lógica e formular argumentos consistentes.

Em síntese, o desenvolvimento do raciocínio exigido pela ciência requer criar condições para que o aluno:

- observe os fatos;
- compare os fatos, identificando o que há de comum e de diferente entre eles;
- formule hipóteses que possam explicar as semelhanças e diferenças — semelhanças podem explicar resultados semelhantes e diferenças podem explicar resultados diferentes;
- observe novas ocorrências para testar suas hipóteses;
- formule conclusões, que são os conhecimentos que o ajudarão a prever os fatos;
- teste ou aplique as conclusões para certificar-se de sua validade.

Em linhas gerais, esse é o percurso que o aluno deve transferir para as práticas de oficina e, evidentemente, para as situações reais de trabalho, não só para aplicar conhecimentos científicos aprendidos, mas para fazer frente aos cotidianos desafios do contexto profissional.

No dia a dia

Para a prática de viscosidade, o material necessário é bureta, haste universal, base de ferro, fixador, béquer e óleo. Por questão de segurança, essa prática é realizada pelo professor, que, além de executá-la, direciona os alunos a observarem o que é relevante. Com a observação da prática, os alunos devem chegar à compreensão da teoria.

— Alguém sabe o que é viscosidade?

— É quando o líquido é viscoso.
— O líquido é difícil de escorrer.

Começamos examinando como o óleo escoa em diferentes temperaturas. Peço que os alunos registrem o tempo de escoamento do óleo em cada procedimento para que, com esses dados, seja possível comparar os resultados.

Pegamos um béquer com óleo a temperatura natural e o despejamos na bureta. Os olhares atentos dos alunos observam o líquido escorrer. Lembramos, mais uma vez, que registrem o tempo que o óleo leva para escorrer.

O mesmo procedimento é adotado, com a mesma quantidade de óleo, porém aquecido a aproximadamente 60°C. Os alunos veem o óleo escorrer, desta vez, muito mais rápido.

Nesse momento ainda não questiono os alunos sobre os resultados, porque para isso é necessário mais investigações. Questionados podem até responder, mas, sem refletir, iriam "chutar", e o que esperamos é que raciocinem, caso contrário não saberão justificar suas respostas.

Com a intenção de instigar os alunos a pensarem, falo:

— Já fizemos duas das três partes da prática, agora temos um problema para realizar a terceira parte: não possuímos aqui uma geladeira para resfriar o óleo.

— Professora, em uma outra aula, aprendemos a congelar a água com "solução refrigerante". Por que não fazemos o mesmo com o óleo?

Todos concordam. Os alunos preparam e introduzem o óleo no tubo de ensaio dentro do béquer com a "solução refrigerante", na quantidade estipulada. O aprendizado das práticas anteriores permite a execução da nova investigação.

Lembramos mais uma vez aos alunos que precisamos manter os mesmos parâmetros para fazermos comparações, por isso mantivemos a mesma quantidade de óleo para as três temperaturas.

— Vamos representar em uma tabela os resultados obtidos e anotados por vocês nas três partes do experimento.

Líquidos	Temperatura	Tempo de escoamento
Óleo	27°C	3min e 10s
Óleo aquecido	60°C	1min e 39s
Óleo resfriado	5°C	13min

Observando os dados da tabela, peço-lhes que comparem os resultados. Agora, os alunos já têm condições de formular conclusões refletidas. E assim eles procedem explicando os diferentes resultados.

Faço algumas perguntas para conduzi-los às conclusões:

— A viscosidade de um líquido pode ser medida?
— *Claro que sim, acabamos de ver isso.*
— O que influi na viscosidade de um líquido?
— *A temperatura.*
— Quero uma definição de viscosidade.

Discutem, conversam, explicam, complementam e assim vão se aproximando da definição.

— *Professora, quando a senhora explicou os estados físicos da matéria, falou que as partículas têm mais facilidade de se movimentarem quando estão mais separadas.*
— *Nós vimos que quando o óleo foi aquecido, escoou mais rápido.*
— *Isso mesmo, as partículas aquecidas ficaram mais separadas.*
— *As partículas do óleo quente se movimentaram com menos atrito, por isso ficou mais fácil para ele escoar.*
— *Quando o óleo está quente, fica menos viscoso, por isso fica mais fácil de escoar.*
— *E o óleo resfriado é mais viscoso e escoa muito mais devagar.*

— Podemos então afirmar que a viscosidade é dada pela maior ou menor força de coesão ou repulsão entre as partículas que se atritam...
— ... *durante o escoamento.*

Podemos afirmar que, com essas práticas, ensinamos os alunos a raciocinar com lógica. Eles observaram os fatos, compararam, explicaram semelhanças e diferenças, provaram, argumentaram e formularam conclusões. Seguramente levarão procedimentos como esses para as suas atividades na vida profissional.

As habilidades de investigação

Imaginar que a curiosidade e um problema reclamando solução sejam condições suficientes para promover o desenvolvimento de habilidades de investigação pode ser decepcionante e, mais que isso, perversamente elitista. Tal crença desconsidera a complexidade e o caráter social do ato de aprender e produzir conhecimento. Modelos de ensino e aprendizagem com débil sustentação ou mal interpretados, em nome da liberdade criativa, têm muitas vezes contribuído para perpetuar a injusta exclusão provocada, ainda que com boa intenção, pelos próprios sistemas de ensino – alunos que chegam com boa formação, decorrente de ambientes estimulantes atípicos, podem se sair bem; os que chegam para aprender, frequentemente, saem como entraram, senão numa condição pior, provocada pelo acirramento das diferenças de pontos de partida.

O desenvolvimento das principais habilidades de investigação, como outros tipos de aprendizagem, ocorre numa progressão gradativa de dificuldade e, via de regra, requer mediação calculada – papel este esperado da escola.

A aprendizagem se faz pela apresentação de desafios que o aluno é capaz de solucionar – o que está aquém da sua capacidade pode ser fator de desinteresse, o que está muito além pode cristalizar dificuldades e provocar desordem destrutiva, de maneira a interferir negativamente no que já era dominado. Em outras palavras, o desafio que não considera o repertório do aluno, suas possibilidades intelectuais, pode comprometer a aprendizagem atual, porque exige dele um salto maior do que pode dar; pode comprometer a aprendizagem anterior, porque a impossibilidade de apresentar o desempenho esperado tende a levá-lo a reestruturar o que sabe de maneira aleatória, na tentativa e erro, a desorganizar o que já sabia, inviabilizando a reorganização (em última instância, ocorre algo como "desaprender" ou "perder a confiança no que já era sabido"); pode comprometer a aprendizagem futura, porque o repertório prévio já se apresenta frágil, com lacunas, desorganizado.

A literatura especializada alerta para os perigos de converter o aluno em "depósito de conteúdos". Vamos mais além: perigo maior é convertê-lo em "depósito desorganizado de conteúdos". Num depósito simplesmente se armazenam coisas – nada se processa, nada se cria. Se no depósito organizado, em que cada item tem seu lugar conhecido, armazenado segundo critérios, pelo menos se pode recuperar algum conteúdo específico para uso imediato (um conceito, uma fórmula, um procedimento), no depósito desorganizado a busca é desorientada, aleatória, com frequência inoperante – corre-se o perigo de pegar qualquer coisa num emaranhado caótico.

Tais perigos de deixar a aprendizagem quase que tão somente à mercê do descobrimento espontâneo ou restringi-la ao armazenamento de informações aconselham um trabalho de desenvolvimento gradativo de habilidades investigativas a um só tempo ordenado, com propósitos definidos e flexível, adaptado às condições e interesses do aluno.

Os quadros a seguir apresentam uma tentativa de indicar níveis de domínio das principais habilidades de investigação. Pode servir de guia ao mediador da aprendizagem, sobretudo na identificação do ponto de partida de cada aluno e cada turma para a criação de condições que permitam atingir o último nível, que encerra alto grau de autonomia por parte do aprendiz.

Habilidades de investigação – níveis de domínio e ações de mediação

	INICIAR UMA INVESTIGAÇÃO A PARTIR DE UMA QUESTÃO PASSÍVEL DE VERIFICAÇÃO CIENTÍFICA		
Processo percorrido pelo aluno → autonomia crescente	Compreende a questão de investigação que lhe é fornecida e a reconhece como uma questão passível de verificação empírica.	Refina ou reelabora a questão que lhe é fornecida a fim de que seja passível de verificação científica.	Formula a questão de investigação.
Processo de mediação ← direcionamento decrescente	Fornece a questão de investigação elaborada de maneira a permitir verificação empírica.	Fornece uma ou mais questões gerais, ainda não formuladas, de maneira apropriada à condução de uma investigação científica.	Propõe temas ou situações-problema cuja solução requeira investigação científica.

	UTILIZAR PROCEDIMENTO PARA INVESTIGAÇÃO		
Processo percorrido pelo aluno → autonomia crescente	Segue etapas e passos de um procedimento que lhe é fornecido.	Planeja detalhes de um procedimento a partir de orientações gerais recebidas.	Planeja etapas e passos de um procedimento para investigação científica.
Processo de mediação ← direcionamento decrescente	Fornece instruções detalhadas de etapas e passos para aplicação do procedimento.	Fornece orientações gerais sobre o procedimento (como etapas principais ou passos imprescindíveis).	Fornece critérios para avaliação da adequação do procedimento.

		OBSERVAR		
Processo percorrido pelo aluno → autonomia crescente	Observa com objetividade aspectos que lhe são indicados e os registra de acordo com instruções e instrumentos recebidos.	A partir de pistas que lhe são fornecidas, define aspectos a serem observados e procedimentos/ instrumentos de registro; observa com objetividade e realiza os registros a partir de orientações gerais.	Define aspectos a serem observados e procedimentos/ instrumentos de registro; observa com objetividade e realiza os registros.
Processo de mediação ← direcionamento decrescente	Indica aspectos que devem ser observados, procedimentos e instrumentos para registrá-los e os cuidados para neutralizar fatores que podem interferir na observação objetiva, direcionada às variáveis relevantes da investigação.	Fornece pistas (perguntas, modelos, exemplos) que permitam identificar os aspectos relevantes a serem observados, procedimentos/ instrumentos de registro e cuidados para neutralizar fatores que possam interferir na observação objetiva.	Fornece critérios para avaliação dos procedimentos/ instrumentos de registro e realização da observação.

		FORMULAR EXPLICAÇÕES COM BASE EM EVIDÊNCIAS		
Processo percorrido pelo aluno → autonomia crescente	Interpreta as evidências que lhe são indicadas a partir de orientações recebidas.	Identifica, analisa e interpreta as evidências a partir de pistas que lhe são fornecidas.	Identifica, analisa e interpreta as evidências.
Processo de mediação ← direcionamento decrescente	Indica as evidências e fornece orientações para interpretá-las.	Fornece pistas (perguntas, exemplos) para identificação, análise e interpretação de evidências.	Fornece critérios para avaliação das explicações formuladas.

	COMUNICAR E JUSTIFICAR SUAS CONCLUSÕES		
Processo percorrido pelo aluno → autonomia crescente	Segue instruções detalhadas para comunicar as conclusões.	A partir de orientações gerais, organiza os dados e formula argumentos lógicos, apoiando as conclusões nos dados.	Organiza os dados coletados e formula argumentos lógicos, apoiando as conclusões nos dados.
Processo de mediação ← direcionamento decrescente	Fornece instruções detalhadas e instrumentos (como roteiros, quadros parcialmente preenchidos) para a comunicação de conclusões.	Fornece orientações gerais para guiar a comunicação de conclusões.	Fornece critérios para avaliação da organização dos dados e formulação dos argumentos.

	RELACIONAR O NOVO CONHECIMENTO COM CONHECIMENTOS PRÉVIOS		
Processo percorrido pelo aluno → autonomia crescente	Compreende os vínculos entre conhecimentos e sua aplicação prática.	A partir de orientações e pistas, estabelece vínculos entre conhecimentos e os usa para fazer previsões e intervenções práticas.	Estabelece vínculos entre conhecimentos, ampliando sua compreensão de fenômenos e suas condições para realizar previsões e intervenções na realidade.
Processo de mediação ← direcionamento decrescente	Explica o vínculo entre conceitos e fornece exemplos de aplicação prática.	Fornece orientações e pistas (como perguntas, exemplos, casos) que possibilitem previsão e intervenção na realidade.	Fornece casos e situações-problema que exijam previsão e aplicação dos conhecimentos.

Sendo o comportamento humano extremamente complexo, influenciado por inúmeras variáveis, nem todas conhecidas, é forçoso reconhecer que jamais poderia ser totalmente contemplado em três níveis estanques, como se resume no quadro – entre os níveis há gradações, ou seja, as habilidades, normalmente, vão se tornando mais complexas com pequenos ganhos. Assim, um aluno pode apresentar um domínio superior ao primeiro nível apresentado no quadro sem que tenha ainda atingido o segundo nível.

O desenvolvimento de habilidades cognitivas relacionadas, que têm como base percursos de raciocínio semelhantes, de modo geral é concomitante, embora, em alguns casos, possa haver certos descompassos. O fato de um aluno apresentar domínio de determinado nível em uma habilidade não significa que, obrigatoriamente, também apresente o mesmo nível de domínio em outras.

Com as habilidades de investigação ocorre o mesmo que com outros tipos de habilidades, como as de análise de textos – ao se apresentarem ao aprendiz investigações mais complexas, assim como se apresentam textos mais complexos, é possível que seja necessário percorrer etapas já dominadas em situações de menor complexidade. Por exemplo, um aluno pode ser capaz de planejar etapas de um procedimento de investigação simples, mas, numa investigação mais complexa, pode se mostrar capaz de simplesmente seguir etapas e passos de um procedimento que lhe é fornecido.

CAPÍTULO III

O novo que nos desafia

UMA NOVA REALIDADE: SÃO PAULO NOS ANOS 2000

Se compararmos os dados dos censos demográficos do Instituto Brasileiro de Geografia e Estatística (IBGE) de 1940 e de 2000, teremos ideia da transformação radical ocorrida na sociedade paulista.

Entre os censos de 1940 e 2000, a população paulista cresceu cinco vezes (de 7.180.316 para 37.032.403 pessoas). O estado reduziu a taxa de analfabetismo[1] de 41,9% para 5,7%. São Paulo passa de um estado predominantemente rural para urbano. Em 2000, 93,4% moram em cidades.

Na economia, houve diminuição do emprego[2] no setor primário (agricultura, pecuária, pesca e silvicultura), de 29,5% para 5,9% do total, e aumento expressivo no setor secundário (indústrias extrativas, de transformação e construção civil), de 8,7% para 26,8%.

Também muda o perfil do aluno do SENAI-SP.

Os jovens que frequentavam o Curso para Aprendizes de Ofício (CAO) e o Curso de Aspirantes à Indústria (CAI) hoje se matriculam no

---

1. Consideradas pessoas de 10 anos ou mais de idade.
2. Refere-se a pessoas de 10 anos ou mais de idade ocupadas por setor de atividade econômica.

Curso de Aprendizagem Industrial (CAI). Ainda, essa população tem presença expressiva no Curso Técnico (CT). Os resultados de pesquisa, feita em 2011[3], mostram que o aluno padrão do CAI e do CT frequenta ou concluiu o ensino médio, tem renda familiar equivalente à categoria média (C ou D), tem casa própria e eletrodomésticos, automóvel e praticamente um celular por membro da família. Aproximadamente 86% têm computador com internet e quase todos frequentam redes sociais. A maior parte dos alunos assiste a filmes, peças de teatro, *shows* de música e partidas esportivas.

Ao levar em conta a informação referente à escolaridade, poderíamos considerar que o aluno, que hoje frequenta CAI e CT, já traga uma sólida educação geral. No entanto, a maior parte dos alunos frequentou escola pública, que apresenta resultados preocupantes. Resultados do Sistema de Avaliação de Rendimento Escolar do Estado de São Paulo (Saresp) de 2010[4] mostram que alunos da 3ª série do ensino médio da rede estadual foram classificados no nível de proficiência "abaixo do básico", correspondente a "domínio insuficiente dos conteúdos, competências e habilidades desejáveis para o ano/série em que se encontram":

- 37,9% em língua portuguesa;
- 57,7% em matemática;
- 49,7% em ciências e ciências da natureza.

Mas a educação formal não é a única a considerar quando analisados os requisitos para frequentar a formação profissional para a área industrial. Nesse caso, também é relevante conhecer o posicionamento atual dos jovens a respeito de ciências e tecnologia.

Para essa caracterização, levamos em conta o relatório de resultados da pesquisa "Los estudiantes y la ciencia – encuesta a jóvenes ibero-

---

3. Com base em pesquisa feita em junho de 2011 pela Diretoria Regional do SENAI-SP, para o universo de alunos que frequentavam cursos realizados nas instalações das Escolas SENAI, temos a caracterização de 17.445 jovens do CAI e 14.526 do CT.
4. Disponível em: <http://saresp.fde.sp.gov.br/2010>. Acesso em: 10 maio 2012.

-americanos"⁵, que incluiu uma amostra representativa de 1.204 estudantes de 1º ao 3º ano do ensino médio de escolas públicas e privadas do município de São Paulo. O objetivo geral do projeto foi "proporcionar um panorama da percepção dos estudantes do ensino médio de diversas cidades ibero-americanas sobre as profissões científicas e tecnológicas e os hábitos informativos desses estudantes". Os principais resultados para jovens da cidade de São Paulo indicam que:

- cerca de 50% *nunca* ou *quase nunca* assistem a programas ou documentários na televisão sobre ciência e tecnologia. No extremo oposto, Bogotá apresenta 41% de jovens que *sempre* ou *quase sempre* utilizam a televisão para tal fim;
- cerca de 60% assinalaram que *nunca* leem livros de divulgação científica;
- 59% responderam que *nunca* ou *quase nunca* usam a internet para buscar informação científica;
- aproximadamente 80% *nunca* ou *quase nunca* participam de feiras e olimpíadas de ciências;
- 31% dizem conversar com os amigos sobre temas do meio ambiente *sempre* ou *quase sempre*. Esse percentual está próximo aos constatados em Assunção e Bogotá (38% e 31%, respectivamente), enquanto em outras cidades essa parcela é inferior (Montevidéu: 17%, Madri: 14%, Buenos Aires: 17%).

Entre os jovens de São Paulo, 26,3% não sabem, ainda, o que vão estudar em nível superior. Entre os que sabem, as opções são:

- 22,9% em ciências sociais;

---

5. Projeto coordenado pela Red de Indicadores de Ciência y Tecnologia (Ricyt), pela Organização dos Estados Iberoamericanos (OEI) e pela Fundação Espanhola de Ciências e Tecnologia (Fecyt), e com apoio técnico e financeiro de instituições regionais: Fapesp (Brasil), Colciencias – Observatório de Ciência e Tecnologia (Colômbia), Conicyt (Chile), Ministério de Ciência e Tecnologia (Venezuela) e Senacyt (Panamá).

- 21,0% em humanidades;
- 18,8% em engenharia e tecnologia;
- 8,4% em ciências médicas;
- 2,7% em ciências exatas e naturais.

Ainda, a mencionada pesquisa revela que os jovens de São Paulo têm uma visão positiva dos cientistas e da profissão científica (o cientista é *apaixonado por seu trabalho, tem uma mente aberta a novas ideias, é curioso* e *tem uma inteligência acima do normal*). Consideram como principais fatores favoráveis para escolha de profissão nessa área *trabalhar com novas tecnologias, viajar a outros países* e *ter um bom salário* e, como principais fatores desfavoráveis, *preferência por outras carreiras profissionais, dificuldade das matérias de ciências* e *tédio nas matérias de ciências*.

Essas informações sobre quem é hoje o jovem que vem fazer sua formação profissional inicial no Senai-SP e como o estudante, da mesma faixa etária, vê a carreira científica e se atualiza em relação a matérias científicas são importantes para traçar um caminho para ciências aplicadas.

Pode-se deduzir que parte expressiva dos jovens não tem preparação adequada durante o ensino médio em relação aos requisitos que são base para o CAI e para o CT; não se interessa em buscar informações em filmes, internet ou livros; não pretende realizar cursos voltados às ciências exatas e naturais; considera, entre os principais fatores negativos para escolha de profissão na área científica, dificuldades e o tédio nas matérias de ciências.

Esse perfil contrasta com o necessário, atualmente, para trabalhar na indústria.

As mudanças registradas no final do século XX e início do XXI levaram a um perfil da indústria caracterizado como "intensivo em tecnologia". Modernizar instalações e equipamentos, introduzir novas tecnologias em seus processos produtivos, encontrar novas formas de organização do trabalho e contar com novos perfis profissionais tornaram-se fatores decisivos para a sobrevivência da empresa industrial, num mundo globalizado e em constante evolução tecnológica.

Atualmente, o processo de mudanças não terminou, mas, ao contrário, intensificou-se. A configuração da nova indústria, que emergirá desse processo, não é totalmente conhecida, mas há vários indícios de qual será o perfil desse setor em 2020.

Há evidências claras de que será uma indústria "intensiva em qualificação". Os limites entre qualificados, técnicos e tecnólogos não serão tão rígidos e haverá áreas de sobreposição desses perfis. As novas categorias profissionais serão caracterizadas pelos níveis de complexidade do trabalho, e não por suas funções. Em decorrência desses novos perfis, deverá predominar nível mais alto de escolaridade (formal ou não). Será intensificada a introdução, nos processos produtivos, de novas tecnologias transversais (nanotecnologia, biotecnologia, entre outras).

Essa conjectura sobre o amanhã da indústria é indispensável para traçar um perfil do profissional, a ser formado pelo Senai-SP, para o setor industrial paulista. Um profissional que deverá ter preparação tecnológica básica aplicada em campos transversais, um saber fazer intensivo e um saber articular competências de diferentes áreas além de uma especialização em um campo profissional. Um profissional que tenha atitude científica, capacidade de julgamento para planejar e para avaliar o próprio trabalho, além de criatividade para enfrentar novas situações e solucionar problemas. Deverá saber também trabalhar em equipe, tanto em uma perspectiva horizontal como vertical, levando em conta a intersecção entre as funções do trabalhador qualificado, técnico e tecnólogo.

Em decorrência das informações até aqui apresentadas, pode-se afirmar que o Senai-SP deverá continuar e, mesmo, ampliar os esforços para despertar no aluno o interesse pela ciência e pela tecnologia; promover a preparação científica e tecnológica, além da atitude científica; estimular a iniciativa e a criatividade para enfrentar novas situações e solucionar problemas.

Esse é o novo desafio do Senai-SP. Nos primeiros anos, a partir de 1942, precisou enfrentar o desafio de transformar em trabalhador da indústria o jovem que chegava do meio rural, com baixa escolaridade e sem conhecer o que era o mundo do trabalho nas cidades. Agora, precisa implantar nova configuração de formação profissional, que tenha por base conhecimentos, habilidades e atitudes científicas, para alunos que ingressam sem os requisitos necessários e, ao que tudo indica, sem interesse na área de ciências e tecnologia.

Uma nova configuração para as ciências aplicadas no Senai-SP

> *Há inadequação cada vez mais ampla, profunda e grave entre os saberes separados, fragmentados, compartimentados entre disciplinas, e, por outro lado, realidades ou problemas cada vez mais polidisciplinares, transversais, multidimensionais, transnacionais, globais, planetários. Em tal situação, tornam-se invisíveis:*
>
> - *os conjuntos complexos;*
> - *as interações e retroações entre partes e todo;*
> - *as entidades multidimensionais;*
> - *os problemas essenciais.*
>
> [...]
>
> *A primeira finalidade do ensino foi formulada por Montaigne: mais vale uma cabeça bem-feita que bem cheia. O significado de "uma cabeça bem cheia" é óbvio: é uma cabeça onde o saber é acumulado, empilhado, e não dispõe de um princípio de seleção e organização que lhe dê sentido. "Uma cabeça bem-feita" significa que, em vez de acumular o saber, é mais importante dispor ao mesmo tempo de:*
>
> - *uma aptidão geral para colocar e tratar os problemas;*
> - *princípios organizadores que permitam ligar os saberes e lhes dar sentido.*
>
> Edgar Morin.

Nos perfis de trabalhadores para a nova indústria, em estruturação, há uma necessidade premente de criar base de conhecimentos, habilidades e atitudes científicas, como formação básica dos novos profissionais.

O componente ciências aplicadas sempre teve por objetivo central propiciar atitudes e princípios científicos necessários para os perfis profissionais. Como visto no Capítulo 1, o SENAI-SP foi, ao longo da sua história, formulando e atualizando conteúdos e aperfeiçoando estratégias de ensino, principalmente práticas relativas à natureza e às propriedades de física e química. No entanto, a formação hoje necessária extrapola essas áreas.

Cada vez mais, a biologia permeia todos os processos. Assim, ao lado dos conhecimentos de física e química, já contemplados, a Biologia deve compor o conjunto das áreas básicas cobertas pelo ensino de ciências aplicadas. Além disso, há urgência em incluir novos saberes em ciências aplicadas tais como nanotecnologia, biotecnologia e microtécnica. Esse conjunto de saberes deve estar inter-relacionado com matemática aplicada e com a metrologia, essenciais para compreensão e aplicação de muitos conceitos científicos.

Ao mesmo tempo em que se ampliam áreas de conhecimento, há necessidade de se eleger quais são essenciais para o profissional requerido pela indústria. Com relação à educação em ciências, o cientista e, de modo geral, os cidadãos não devem tomar "os resultados das pesquisas e os produtos das tecnologias como dados, mas ser capazes de entendê-los como possíveis respostas a perguntas e questionamentos de realidades em constante mudança e transformação"[6].

Assim, há dois tópicos básicos para a nova configuração das ciências aplicadas: as estratégias de ensino e os conteúdos a serem implantados, para complementar a formação básica dos alunos do CAI e do CT.

ESTRATÉGIAS DE ENSINO

O SENAI-SP desenvolveu o ensino de ciências aplicadas com ênfase em práticas, desenvolvidas *pelos alunos* ou *junto aos alunos* (quando há

---

6. SCHWARTZMAN, Simon; CHRISTOPHE, Michele. *A educação em ciências no Brasil*. Rio de Janeiro: Academia Brasileira de Ciências, 2009. p. 7.

riscos na execução). Desse modo, os alunos confirmam fatos ou princípios científicos, forma de ensino que pode ser chamada de *verificação*[7]. As situações de aprendizagem estão detalhadas no Capítulo 2.

Outra forma de ensino de ciências pode ser chamada de *investigação*[8], "referindo-se à descoberta guiada, em que o estudante não teria de descobrir tudo por si só, mas orientado a resolver questões para as quais ele não sabe a solução".

No Capítulo 2, apresenta-se forma de progressão gradativa para o desenvolvimento das principais habilidades de investigação, que deverá ser fruto de planejamento pelas equipes técnica e docente do SENAI-SP.

Para desenvolver as estratégias de ensino, poderão ser utilizadas práticas de laboratório, simulações, pesquisas orientadas ou outras técnicas didáticas, desde que se teste e comprove sua eficácia para alcançar o objetivo de o aluno desenvolver iniciativa, criatividade e atitude científica na solução de problemas, durante seu curso ou durante sua atividade na vida profissional.

Novos conteúdos para efetiva formação profissional

Entre todas as modificações recentes nos processos produtivos, principalmente na indústria, uma das mais significativas decorre da introdução da nanotecnologia. Prevê-se que suas aplicações no futuro próximo mudarão os modos de produção e, mesmo, as condições de trabalho.

---

7. A respeito, *vide* RODRIGUES, Bruno A.; BORGES, A. Tarciso. O ensino de ciências por investigação: reconstrução histórica. In: Encontro de Pesquisa em Ensino de Física, 11.,Curitiba, 2008. p. 4. Disponível em: <http://www.botanicaonline.com.br/geral/arquivos/artigo4.pdf>. Acesso em: 18 jun. 2012.
8. DEBOER, George E. Historical Perspectives on Inquiry Teaching in Schools. In: FLICK, L. D.; LEDERMAN, N. G. (Ed.). *Scientific Inquiry and Nature of Science*. Netherland, spring 2006, citado por Rodrigues, Bruno A.; Borges, A. Tarciso. O ensino de ciências por investigação: reconstrução histórica. In: Encontro de Pesquisa em Ensino de Física, 11., Curitiba, 2008.

O aspecto fundamental para a alfabetização em nanotecnologia é o entendimento da nanoescala. Em nanoescala, trabalha-se com grandezas da ordem de um bilionésimo da unidade de referência. Exemplificando, se a unidade de referência para medida de espaço linear é o metro, "um nanometro" corresponde a 1×10^{-9}m. A tabela a seguir apresenta outros fatores de multiplicação, múltiplos e submúltiplos da unidade de referência, com os quais podemos comparar a nanoescala.

Múltiplos e submúltiplos de medidas

MÚLTIPLOS			SUBMÚLTIPLOS		
múltiplo	sigla	fator multiplicador	submúltiplo	sigla	fator multiplicador
yotta	y	1 000 000 000 000 000 000 000 000	deci	d	0,01
zetta	Z	1 000 000 000 000 000 000 000	centi	c	0,01
exa	E	1 000 000 000 000 000 000	mili	m	0,001
peta	P	1 000 000 000 000 000	micro	μ	0,000 001
tera	T	1 000 000 000 000	nano	n	0,000 000 001
giga	G	1 000 000 000	pico	p	0,000 000 000 001
mega	M	1 000 000	femto	f	0,000 000 000 000 001
quilo	k	1 000	atto	a	0,000 000 000 000 000 001
hecto	h	100	zepto	z	0,000 000 000 000 000 000 001
deca	da	10	yocto	y	0,000 000 000 000 000 000 000 001

Ainda, é importante a percepção de que qualquer perturbação no sistema de produção – como vibração e calor –, considerada desprezível nos processos produtivos de escala não nanométrica, pode determinar não conformidades no processo produtivo nanométrico. Tais perturbações fazem que haja heterogeneidade do material processado, que poderá sair da escala nanométrica para micrométrica. Para detectar essa heterogeneidade, são necessários equipamentos sensíveis e operadores qualificados nessas questões.

A dificuldade, em termos de formação profissional, é fazer que o jovem preparado para trabalhar nos processos de nanotecnologia perceba e controle a nanodimensão, que é a milionésima parte de um milímetro ou bilionésima parte de um metro. Portanto, a metrologia é um ponto central no ensino da nanotecnologia.

A biotecnologia, também importante na nova concepção de processos e produtos industriais, pode ser considerada como variante da nanotecnologia.

Quanto à aplicação da biotecnologia, convencionou-se um código de cores:

- Vermelha: biotecnologia da área médica e farmacêutica.
- Branca: indústria química, biopolímeros, biorrefinarias, química básica.
- Verde: agricultura, melhoramento genético de plantas, inseticidas naturais, tratamento de doenças e pestes resistentes.

Embora o SENAI-SP possa ter conexão com as três categorias, a branca pode ser considerada diretamente relacionada às atividades das empresas industriais. A química básica, em especial, está presente em todos os processos industriais, tanto os "discretos" (mecânica, metalurgia etc.) como os "contínuos" (celulose e papel, têxtil, entre outros).

Assim, a nanotecnologia, a biotecnologia e a microtécnica passam a ser essenciais para a formação profissional do SENAI-SP e, como base, devem integrar as ciências aplicadas. Pelo ineditismo desse ensino, é importante conhecer experiências já implantadas.

Um projeto desenvolvido pelo Instituto Suíço de Pedagogia para a Formação Profissional (ISPFP) tem como objetivo transferir para o ensino profissional os saberes científicos e tecnológicos desenvolvidos na área de nanotecnologia[9]. Seu trabalho é voltado a incentivar a cultura científica (alfabetização científica), a formação geral em ciências físicas e naturais e, mais precisamente, a compreensão da tecnologia (alfabetização tecnológica). O futuro profissional deve estar ciente dos desenvolvimentos tecnológicos em curso. Ainda, a escola deve ser capaz de oferecer ao aluno os meios de apoio à decisão para seu

---

9. RUPF, Marianne. et al. *La nanotechnologie dans la formation professionnelle NANO-4-SCHOOLS*. Institut suisse de pédagogie pour la formation professionnelle. Cahiers de l' ISPFP, 2006.

engajamento futuro, isto é, deve possibilitar que o aluno venha a fazer utilização eficiente da técnica e da tecnologia.

São considerados itens importantes para o ensino:

a) crescente importância da nanotecnologia na economia e, nesse contexto, aplicação e utilização de novos instrumentos para medições em nanoescala;
b) ênfase especial na formação interdisciplinar e transdisciplinar, em especial o inter-relacionamento entre física, química e biologia, além de matérias aplicadas, tais como conhecimento de materiais, técnicas de medida, métodos de análise etc.;
c) formação profissional com criação de módulos de aprendizagem que visem à utilização de ferramentas analíticas para a escala nanométrica;
d) promoção de programas de treinamento e estudos de pós-graduação a fim de reforçar e orientar a transferência de conhecimento para a investigação aplicada e desenvolvimento.

O ensino da nanotecnologia como uma disciplina separada é legítima em um curso superior em que se concentrem ensino e pesquisa. Por outro lado, na formação profissional inicial, a nanotecnologia deve ser considerada como um tema transversal, que influencia inúmeros campos profissionais.

Essas considerações nos levam à identificação de atividades em que a nanotecnologia já vem tendo um papel significativo. Podemos definir, entre outras:

- trabalho em nanoestruturas, como análise de superfície utilizando microscópio de força atômica;
- fabricação de nanoestruturas, tal como o nanochip;
- melhoria das propriedades dos materiais com a utilização da nanotecnologia, por exemplo, recobrimento de lentes;
- fabricação de novos materiais, com propriedades novas ou modi-

ficadas – por exemplo, materiais reforçados, resistentes à ruptura ou particularmente leves.

Em um projeto de ensino, podem ser estabelecidos objetivos específicos, relacionados com a nanotecnologia. Por exemplo, definir a propriedade autolimpante a partir do efeito das folhas de lótus, que encontra aplicação em muitas ocupações. A nanotecnologia pode reproduzir este efeito usando materiais sintéticos para a fabricação de corantes ou de tecidos autolimpantes. A partir dessa experiência, o aluno pode:

- compreender o conceito de hidrofobia (repelente de água) e, com base em alguns exemplos, prever o comportamento de superfícies hidrófobas;
- conhecer algumas aplicações técnicas do efeito lótus (por exemplo, autolimpeza de têxteis e corantes) e estimar qualitativamente suas propriedades.

Como essa experiência realizada na Suíça, outras podem ser planejadas para a formação profissional.

Torna-se necessário selecionar, entre os temas hoje abordados em ciências aplicadas, os que se mantêm pertinentes e fundamentais para a formação profissional. A partir dessa seleção, outros temas podem ser incluídos.

A partir do estudo das áreas ocupacionais, a equipe de ensino e de tecnologia define quais os conceitos básicos de nanotecnologia, biotecnologia e microtécnica presentes nos perfis profissionais. Fundamentando-se nesse estudo, estrutura-se um programa básico, que deverá estar presente em todos os cursos que preparam profissionais que deverão aplicar esses conhecimentos na indústria, em especial aprendizes, técnicos e tecnólogos. Além desse programa, pode-se ainda definir outro, complementar, em que conceitos estreitamente relacionados à prática profissional de uma determinada área sejam considerados.

A atualização dos temas incluídos na formação profissional – os temas atuais e os referentes aos programas básico e complementar – será feita pelo acompanhamento da introdução de inovações nas empresas industriais. Além da atualização, a revisão e o aperfeiçoamento permanente dependerão da integração e articulação entre todos os docentes e técnicos, em especial entre os que atuam em ciências aplicadas, matemática aplicada, tecnologia e prática profissional.

Segurança na aplicação de novas tecnologias

As políticas públicas de nanotecnologia não devem perder de vista as abordagens de nanotoxicologia, ecotoxicologia e genotoxicologia. Até agora, apesar dos milhares de produtos comercializados, não há uma regulamentação sobre os usos da nanotecnologia e seus riscos.

Ainda, não há normas estabelecidas para prevenção de riscos para os trabalhadores que participam de processos industriais de fabricação desses produtos. No caso da nanociência, muitos dos riscos das propriedades dos materiais nos seres humanos, principalmente dos trabalhadores das nanotecnologias, ainda é objeto de estudos incipientes.

É preciso, então, acompanhar estudos de riscos e sua prevenção para evitar problemas na aplicação de nanotécnicas na formação profissional[10].

Na formação dos alunos, a transmissão e discussão de informações sobre o estágio de estudos relacionados a riscos é aspecto de extrema relevância não só para conscientizar sobre a importância de medidas de prevenção e segurança, mas também para desenvolver atitude crítica com relação aos avanços científicos. São absolutamente pertinentes per-

---

10. A respeito, *vide* AGÊNCIA BRASILEIRA DE DESENVOLVIMENTO INDUSTRIAL. *Nanotecnologias*: subsídios para a problemática de riscos e regulamentação, 2011. Disponível em:<http://www.inomat.iqm.unicamp.br/images/relatorio%20NanoRiscos.pdf>. Acesso em: 18 jun. 2012.

guntas como "São necessários esses avanços?"; "A quem beneficiam?"; "O que representam de risco para o ambiente e para as pessoas?"; "Há investimento significativo em estudos confiáveis sobre esses riscos?"; "Tais riscos podem ser minimizados, eliminados ou neutralizados?"; "Os benefícios que trazem compensam os riscos e os investimentos?".

Ressalte-se, ainda, que, ao propiciar o contato do aluno com esses avanços, cria-se oportunidade privilegiada de levá-lo a entender que a ciência é produto de um momento histórico, social e econômico, que nem toda novidade, por mais genial que pareça, deve ser celebrada sem restrições, sem uma análise de todas as suas implicações. Em outras palavras, acompanhar o desenvolvimento da ciência enquanto ela se faz, informar-se sobre pontos de vista favoráveis e desfavoráveis, analisar evidências e argumentos, esboçar posições certamente contribuem para o desenvolvimento de todas as habilidades e atitudes enunciadas no Capítulo 2 e, em especial, para a necessária compreensão de que o conhecimento é provisório, inacabado e fruto de motivações históricas, sociais e econômicas.

CONSIDERAÇÕES FINAIS

Em poucas palavras

*Trago dentro do meu coração
Como num cofre que se não pode fechar de cheio
Todos os lugares onde estive,
Todos os portos a que cheguei,
Todas as paisagens que vi através de janelas ou vigias,
Ou de tombadilhos, sonhando,
E tudo isso, que é tanto, é pouco para o que quero.*
FERNANDO PESSOA

Uma longa história a contar, de uma instituição que aliou a concepção de formação profissional germinada no mundo com uma visão especial do aluno das cidades paulistas, protagonista dos rumos da educação oferecida.

Visão especial que se revela na valorização da figura do aluno que, em diferentes contextos socioeconômicos e em diferentes estágios da evolução da indústria, sempre procurou o SENAI para concretizar seu projeto de vida. Visão especial que está sempre presente na igualdade entre alunos, que se traduz no fato de a todos eles serem dadas as mesmas oportunidades, as mesmas experiências, as mesmas vivências para compreenderem e integrarem-se no mundo do trabalho.

A ciência aplicada, como base e explicação de muitos processos aprendidos para a vida profissional, é o elo para contar essa história.

Elo que mudou ao longo do tempo, no sentido da maior participação dos alunos nas práticas, forma de que se reveste, no ensino de ciências, o aprender fazendo. A ciência aplicada, como o novo que, se não sabe aonde vai chegar, torna a história sempre incompleta. Novas tecnologias, surgidas da articulação de saberes e da análise do infinitamente pequeno, permitem conhecer, interpretar, incorporar e antecipar tendências, adequando o ensino para o amanhã.

Muitas mudanças, como se relata neste livro. Mas nenhuma mudança na essência, que é a cultura SENAI. Cultura expressa pelo valor da descoberta, do trabalho benfeito, do reconhecimento da beleza de uma obra perfeita, que deve ser percebida tanto em relação a um bem tangível, caso do produto de um processo industrial, como em relação a um bem intangível, produto das ideias e dos ideais.

Referências bibliográficas

ACHCAR, Inês. *Selecionar os métodos e meios de formação e as estratégias de avaliação da aprendizagem de um programa de formação presencial*. Módulo B3. Programa Formação de formadores por competências. Turim: Centro Internacional de formação da OIT, 2003.

AGÊNCIA BRASILEIRA DE DESENVOLVIMENTO INDUSTRIAL. *Nanotecnologias:* subsídios para a problemática de riscos e regulação, 2011. Disponível em: <http://www.inomat.iqm.unicamp.br/images/relatorio%20NanoRiscos.pdf>. Acesso em: 18 jun. 2012.

ALVES, Rubem. *Filosofia da ciência*: introdução ao jogo e suas regras. 18 ed. São Paulo: Editora Brasiliense, 1993

AMARAL FILHO, Dario do. *Ciências aplicadas*. Manual do professor. São Paulo: SENAI-SP, 1977.

ARANHA, Maria Lúcia de Arruda. *História da educação e da pedagogia*: geral e Brasil. 3. ed. rev. e ampl. São Paulo: Cortez, 2006.

BOLOGNA, Ítalo. *Formação profissional na indústria*: o SENAI. Rio de Janeiro: SENAI-DN, 1969.

DEBOER, George E. Historical Perspectives on Inquiry Teaching in Schools. In: FLICK, L. D.; Lederman, N. G. (Ed.). *Scientific Inquiry and Nature of Science*. Netherland, spring 2006.

FURMAN, Melina; PODESTÁ, María Eugenia de. *La aventura de enseñar ciencias naturales*. Buenos Aires: Aique Grupo Editor, 2011.

INSTITUTO BRASILEIRO DE GEOGRAFIA E ESTATÍSTICA. Estudo revela 60 anos de transformações sociais no país. Comunicação Social, 25 maio 2007. Disponível em: <http://www.ibge.gov.br/home/presidencia/noticias/noticia_visualiza.php?id_noticia=892&id_pagina=1>. Acesso em: 4 maio 2012.

LEITE, Elenice M. *45 anos de educação para o trabalho*: a indústria em ação. São Paulo: SENAI-SP, 1962.

MINISTÉRIO DA EDUCAÇÃO. *Centenário da Rede Federal de Educação Profissional e Tecnológica*. Disponível em: <http://portal.mec.gov.br/setec/arquivos/centenario/historico_educacao_profissional.pdf>. Acesso em: 4 maio 2012.

MORIN, Edgar. *A cabeça bem-feita*: repensar a reforma, reformar o pensamento. 8. ed. Rio de Janeiro: Bertand Brasil, 2003.

POLINO, Carmelo (Comp.). *Los estudiantes y la ciencia – encuesta a jóvenes ibero-americanos*. Buenos Aires: Organización de Estados Iberoamericanos para la Educación, la Ciencia y la Cultura, 2011.

RODRIGUES, Bruno A.; BORGES, A. Tarciso. O ensino de ciências por investigação: reconstrução histórica. In: Encontro de Pesquisa em Ensino de Física 11., Curitiba, 2008. Disponível em: <http://www.botanicaonline.com.br/geral/arquivos/artigo4.pdf>. Acesso em: 18 jun. 2012.

ROUSSEAU, Jean-Jacques. *Emílio ou da educação*. São Paulo: Difusão Europeia do Livro, 1968. livro III.

RUPF, Marianne et al. *La nanotechnologie dans la formation professionnelle NANO-4-SCHOOLS*. Institut suisse de pédagogie pour la formation professionnelle. Cahiers de l'ISPFP, 2006.

SISTEMA DE AVALIAÇÃO DE RENDIMENTO ESCOLAR DO ESTADO DE SÃO PAULO de 2010. Disponível em: <http://saresp.fde.sp.gov.br/2010/>. Acesso em: 10 maio 2012.

SCHWARTZMAN, Simon; CHRISTOPHE, Michele. *A educação em ciências no Brasil*. Rio de Janeiro: Academia Brasileira de Ciências, 2009. Disponível em: <http://www.abc.org.br/IMG/pdf/doc-210.pdf>. Acesso em: 21 jun. 2012.

SENAI-SP. *Informativo SENAI*. Educação Integral, São Paulo, março 1946.

SENAI-SP. *Informativo SENAI*, São Paulo, ano XVI, n. 196, 1962.

SENAI-SP. *Relatório anual*. São Paulo, 1945.

SENAI-SP. *Relatório anual*. São Paulo, 1946.

SENAI-SP. *O SENAI em São Paulo 1942-1967*. Edição comemorativa do jubileu de prata. São Paulo, 1967.

SENAI-SP. *O ensino de ciências no SENAI*. São Paulo, 1969.

SENAI-SP. Divisão de ensino supletivo de 1º grau. Serviço de educação geral. Supervisão de ciências físicas e biológicas. *Programa de ciências aplicadas*. Curso de aprendizagem. Modalidade 3. São Paulo, 1973.

ANEXO

ANEXO

Como são as aulas de ciências aplicadas no Senai-SP?

O relato de dois professores

Anisio José de Campos, professor da Escola Senai Luís Eulálio de Bueno Vidigal Filho – Suzano, e Waldete Siqueira Martins Braga, professora da Escola Senai Hermenegildo Campos de Almeida – Guarulhos, relatam o dia a dia do ensino de ciências aplicadas no Curso de Aprendizagem Industrial, formação profissional inicial para jovens.

As regras que os alunos devem seguir são definidas logo no início do curso. Entre elas:

- *É direito do aluno assistir às aulas em um ambiente limpo e agradável, e é seu dever conservá-lo como o encontrou.*
- *Errar faz parte do aprendizado. Assim, o aluno não deve deixar de fazer exercícios sob a alegação de que não sabe fazê-los.*
- *Quando tiver dúvidas ou não entender uma explicação, o aluno deve fazer perguntas.*

Além da teoria

1º tema – Minerais e o meio ambiente

> *Toda aula tem um começo muito importante, que é a problematização do que se vai aprender.*

Na primeira unidade de ciências aplicadas, os alunos conhecem os diversos tipos de materiais existentes, qual sua origem e quais podem ser reciclados.

Para introdução ao tema, perguntamos aos alunos:

– O que é aço? De onde vem o aço?

As respostas são as mais diversas possíveis, mas chegamos à conclusão de que, no entender deles, tudo é ferro. Outra pergunta:

– Quem sabe me dizer qual é a diferença entre minério e mineral?

Logo, um aluno responde:

— *Mineral é do reino mineral e minério deve ser pedra.*

A sala se divide. Será isso?
Para aguçar a curiosidade dos alunos, afirmamos:

— Todo minério é um mineral, mas nem todo mineral é minério. Vou dar um exemplo. Estou passeando na rua e, sem querer, chuto uma pedrinha de ouro. (Podem estar certos que isso não iria acontecer se eu tivesse visto...) Chutei um minério.

Depois de várias perguntas que tinham como propósito levar os alunos a identificarem a característica comum *entre os minérios* e *diferenciadora entre minérios e minerais que não são considerados minérios*, concluem:

— *Minério é todo mineral que pode ser trabalhado para vir a ter valor econômico.*

Definidos "minério" e "mineral", passamos a falar sobre os materiais provenientes do reino mineral, que serão alvo de nosso estudo, neste primeiro momento.

Ao final desta aula, todos já têm conhecimento do que é jazida, quais os minérios que delas são extraídos, alguns dos seus produtos finais e a aplicabilidade desses produtos na indústria.

Ainda, os alunos aprofundam, em seminários, conhecimentos sobre reciclagem, recuperação da área degradada pela extração dos materiais e diminuição dos impactos no meio ambiente. Ressaltam, junto aos colegas, a importância em contribuir com projetos implantados em nossas escolas, tais como:

- economia de energia elétrica, água e papel;
- plantio de árvores nativas;
- coleta seletiva.

— Somos todos responsáveis pelo planeta de amanhã. Não adianta passar, para o outro ou para outras esferas, o que é nosso dever preservar...

2º tema — Medidas físicas e unidades

— Alguém sabe com quantos quilos e centímetros nasceu?

Alguns levantam a mão e dizem que nem imaginam, outros indicam medidas.

— Desde que nascemos, somos inseridos no mundo das medidas e assim catalogados: "nasceu com 3.750g e 47cm". A partir daí, tem início um contar e medir sem fim em nossas vidas. Então vamos medir!

Imediatamente, todos pegam seus instrumentos de medidas, como régua, esquadro, compasso...

— Mas o que é medir? Medir é comparar grandezas físicas com outra da mesma espécie, denominada *unidade*.

Após explicações e exemplos dos conceitos de medida e medição, propomos:

— Vamos fazer uma prática de laboratório, para realizar medições.

Todos estão animados.

— *Medir é fácil.*

Iniciamos nossa prática de laboratório. Pedimos a colaboração de cinco alunos para medir o comprimento da mesa, com os instrumentos de medidas que possuem. Cada aluno, separadamente, deve medir o comprimento da mesa e entregar um papel com o valor obtido ao professor, sem revelá-lo aos colegas. Somente depois que todos entregam seus papéis, o professor relaciona cada nome de aluno e valor por ele obtido. É uma surpresa geral quando os alunos percebem que os valores são diferentes para a mesma mesa. Cada um defende o seu valor.

— *Eu medi certo!*

É o momento para mencionar que toda medida é afetada por erros.

— Erros acontecem devido a fatores que interferem na medição.

Como exemplos, citamos erros de medida provocados pelo operador, instrumento, ambiente e métodos de medição.

Reforçamos, nesse momento, a importância e os cuidados que devem ser tomados quando estão numa aula na oficina, em que medir é uma operação corriqueira e de suma importância. Medir deve ser um ato de responsabilidade, pois um deslize em uma medida pode trazer consequências desastrosas num processo de produção ou numa linha de montagem.

— Daí a importância das medidas de precisão no mundo do trabalho, em qualquer ocupação.

Agora sim, podemos iniciar realmente a nossa prática de laboratório.

— Temos uma prática que nos auxilia a entender bem esses fatores que interferem nas medidas. Para essa prática, precisamos de:

- um tubo de ensaio ou similar;
- uma régua;

- um paquímetro.

Os alunos, dispostos em grupos de quatro componentes cada, medem a base do frasco com régua e, depois, com um paquímetro.

PRÁTICA I

Essa prática deixa bem clara a impossibilidade de se obterem medidas rigorosamente exatas e exemplifica como os diferentes fatores – operador, precisão do instrumento de medição; método utilizado na medição e ambiente – podem interferir em nossos resultados.

Nesse momento, os alunos também observam que as medidas obtidas com a régua e com o paquímetro são diferentes. Ao serem interrogados sobre o porquê, respondem, com a certeza de alunos "veteranos":

— *O paquímetro apresenta maior precisão.*

A seguir, todos os conceitos da unidade "Teoria dos Erros" são estudados, como, por exemplo: valor médio, erro absoluto, erro relativo, desvios ou resíduos e desvio médio. Finalmente, chegamos ao *valor provável de uma medida*, assim definido:

$$A = (VM \pm DM) \text{ Unidade}$$

— Esta unidade, que estamos estudando, exige muitos cálculos. Nela, operações básicas de matemática são imprescindíveis.

Dando continuidade à prática, pedimos aos alunos que verifiquem a quantidade de matéria da peça que tinham em mãos. Olhos arregalados se dirigem para a nossa mesa, onde colocamos à disposição de todos uma balança de Roberval, para determinar a massa da peça.

Mais uma vez, ressaltamos o fato de que a comparação é feita entre a peça a ser pesada com os pesos da balança, ou seja, com os massores.

Não podemos esquecer de que nossos alunos já nasceram na era digital e utilizar essa balança é, para eles, um fato "histórico".

Para verificar a temperatura do objeto que estamos medindo, um termômetro de laboratório é colocado à disposição dos alunos. Na tentativa de medir a temperatura, eles encostam o termômetro na peça. Surpresos, constatam que a escala do termômetro não se mexe.

— *Será que está certo? Não sabemos como medir a temperatura!*

Então, mergulhamos a peça dentro de um béquer com água que, após alguns minutos, atinge equilíbrio térmico. Podemos, assim, obter a temperatura da peça, que é a mesma da temperatura da água.

Fazendo uma pausa, podemos relatar um fato entre os que realmente acontecem e que deixam nossas aulas mais divertidas.

Certa vez, na prática relatada, substituímos os tubos de ensaio por peças com igual tamanho, confeccionadas na oficina mecânica da Escola SENAI. Mas qual foi nossa surpresa, quando acompanhávamos os alunos durante essa prática, ao constatar que os valores obtidos por uma parte dos alunos não coincidiam com os valores obtidos pelos demais. Ao ir à sala de preparação, confirmamos que tínhamos escolhido as peças corretamente. O que poderia ter ocorrido?

Em cada bancada, medimos a peça com a régua do aluno e verificamos que o resultado por ele obtido estava correto. Depois de ir e vir, quando já estávamos acreditando que naquele dia tudo estava dando errado, um fato chamou atenção: muitos alunos da sala tinham uma régua amarela na mão.

— Vocês compraram essas réguas hoje? Todos no mesmo lugar?

— *Não professora, ganhamos de um candidato que estava na porta da escola.*

Ao pegar a régua, verificamos que 1cm correspondia a 1,3cm. Ela precisava ter um tamanho maior, para que a propaganda, com o nome e número do candidato, se encaixasse no espaço disponível...

Os laços de amizade e de confiança aumentam a cada aula. Já temos, agora, um ambiente onde todos gostam de estar. Cada vez mais, os alunos tornam-se interessados, críticos e participativos.

> *A interação professor-aluno, a troca de experiências e a vivência do dia a dia são fatores que se entrelaçam em cada aula dada e são primordiais na construção do aprendizado, não só acadêmico, mas para uma vida. Por estratégia de ensino, algumas aulas partem da prática de laboratório para a teoria. Os alunos, trabalhando em equipe, chegam às conclusões esperadas. Em outras aulas, apresentamos introdução teórica, fazemos exercícios e, depois, completamos o aprendizado com a prática, como forma de fixação e melhor compreensão do conteúdo.*
>
> *Com base em:*
>
> - *abordagem dos conceitos teóricos inerentes aos fenômenos observados;*
> - *relacionamento das práticas com outros componentes curriculares, como matemática aplicada, na formação do raciocínio lógico;*
> - *orientação recebida nas aulas de português, para entendimento do texto de procedimentos a serem utilizados nas práticas, como a sequência de execução;*
> - *elaboração de relatórios com descrições das observações.*
>
> *O educando passa a ver os problemas sob novo ângulo, entendendo os fatores que levam a uma determinada situação e raciocinando de maneira lógica e consciente para propor soluções viáveis para as situações apresentadas.*

3º tema – Matéria

Nesta unidade, teremos algumas práticas simples, mas que vão chamar a atenção para fenômenos importantes do dia a dia, que normalmente passam despercebidos.

— As práticas desta unidade levarão vocês ao alcance de um fundamento lógico para entendimento de fenômenos tão comuns ao nosso redor, mas nunca observados antes sob uma ótica científica. O acúmulo de conhecimento nos coloca numa situação de melhor entendimento de tempo e espaço, muda nossa percepção de mundo e nos faz melhores, já que mudamos nossas atitudes.

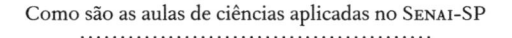

> *Apenas iniciamos uma nova prática após um breve embasamento teórico, no qual sempre buscamos o saber anterior de cada aluno.*

Práticas simples envolvendo mudanças de estados físicos da matéria sempre são bastante comentadas pelos alunos.

Iniciamos com a definição dos conceitos de vaporização, evaporação, ebulição e calefação. Citamos algumas situações corriqueiras. Assim, lembramos aos nossos alunos uma situação característica do dia a dia, quando, por exemplo, fritamos um ovo e depois colocamos a frigideira debaixo da torneira. Ao que os alunos comentavam:

— *Eu sempre quis saber por que fazia aquele barulho!*

Vamos à prática. Serão utilizados:

- bico de Bunsen;
- haste universal;
- tripé;
- tela com amianto;
- béquer;
- cadinho de porcelana;
- termômetro de laboratório;
- fixador;
- haste auxiliar;
- cronômetro;
- fósforos de segurança.

O experimento é de fácil montagem, mas tem um efeito visual muito interessante aos olhos do educando, que passa a refletir sobre como esses fenômenos acontecem na cozinha da própria casa.

PRÁTICA 2

Anotamos a temperatura da água no ambiente e perguntamos ao aluno se existe algum tipo de vaporização, solicitando uma justificativa para sua resposta.

A seguir, acende-se o bico de Bunsen. A partir de 60°C, anotamos a temperatura de minuto em minuto, até ser alcançada a fervura. Aprendemos, de forma didática, que a temperatura de ebulição da água é 100°C, o que só é observado na prática se for feita ao nível do mar.

Nesse momento, explicamos o conceito de pressão atmosférica.

PRÁTICA 3

Com a montagem exposta na foto anterior, o aluno percebe que um líquido, para se tornar vapor, precisa absorver calor de alguma fonte. Ressaltamos ainda que o calor é transferido naturalmente da região mais quente para a mais fria.

Observam-se, nessa prática, que o vapor sobe, bate na superfície fria do cadinho de porcelana e se condensa, onde verificamos o aparecimento de gotas de água em sua parede. O aluno, de imediato, relaciona o fato ao seu cotidiano, quando embaçam os vidros do veículo no inverno e, durante o banho, os vidros, os azulejos e os espelhos do banheiro.

É um bom momento, também, para citar as diferenças internas entre os estados físicos da matéria e mostrar a atuação das *forças de coesão e repulsão*.

Depois, fazemos uma prática que mostra a fusão do gelo. Em sua montagem, usamos:

- béquer;
- haste universal;
- fixador;
- haste auxiliar;

- termômetro de laboratório;
- tripé;
- bico de Bunsen;
- tela com amianto;
- cronômetro;
- gelo picado;
- fósforos de segurança.

PRÁTICA 4

Durante essa prática, aproveitamos para comentar sobre os iglus construídos pelos esquimós, que usam blocos de gelo.

Nos exercícios, feitos após a prática, os alunos devem construir um gráfico para visualização do fenômeno, com aplicação do conhecimento de plano cartesiano ortogonal, aprendido em matemática aplicada.

> *Para organizar e comunicar o que foi observado, é importante o uso de recursos visuais como gráficos, tabelas ou esquemas. Tanto para construir esses recursos como para interpretá-los, o aluno é levado a mobilizar conhecimentos e habilidades da matemática.*

Numa nova prática, usamos os seguintes materiais:

- tubo de ensaio;
- termômetro de laboratório;
- béquer;
- gelo picado;
- sal de cozinha;
- água;
- bastão de vidro;
- colher.

Nessa prática, os alunos podem observar a coluna de mercúrio do termômetro cair rápido, chegando a 0°C. A mistura de gelo picado com o sal recebe o nome de solução refrigerante, usada em muitas empresas para resfriamento rápido de materiais ou soluções diversas e, também, para *tratamento térmico dos materiais.*

PRÁTICA 5

Sob o olhar curioso dos alunos, o gelo surge de repente, fazendo que o termômetro fique fixo dentro do tubo de ensaio.

Após a realização dessa prática tão simples, os alunos aprendem que o gelo que se forma nos congeladores, assim como o que se formou na parte exterior do béquer, é produto da sublimação do vapor de água da atmosfera.

4º tema – Propriedades específicas da matéria

1. No estado sólido

Serão demonstradas, neste tema, as propriedades de dureza, plasticidade, elasticidade, ductilidade e maleabilidade, entre outras.

Na prática, usamos:

- uma placa de cobre, ferro, chumbo, alumínio;
- uma ponta cônica;
- uma chapa de fibra de madeira;
- uma haste universal;

- um fixador;
- um tubo direcional de plástico;
- duas pinças mufas.

Para iniciar a prática, verificamos a penetração de uma ponta cônica em algumas chapas de metal.

A ponta cônica fica a 40cm de altura e é direcionada pelo tubo de plástico, para se chocar contra a chapa e fazer a penetração.

Depois da penetração da ponta cônica nas chapas de metais diversos, fazemos a comparação pela depressão causada. Após verificar quanto a ponta penetrou em cada chapa, podemos colocar os metais em ordem crescente de penetração. São mais duras as placas em que a ponta cônica causou menor impacto, ou seja, em que a penetração é mais difícil.

Para fazer uma prática a fim de colocar as chapas em ordem crescente de plasticidade, usamos a montagem anterior, com os mesmos materiais. A única diferença, na montagem, é a colocação de dois pequenos suportes para apoio das extremidades das placas metálicas.

PRÁTICA 6

Após soltarmos a ponta cônica em cada placa metálica, elas são colocadas em ordem crescente de deformação, ou seja, de *plasticidade*.

Outra prática, também bastante simples, faz que o aluno consiga visualizar e conceituar a propriedade da *elasticidade*.

PRÁTICA 7

Na prática, usamos:

- rolha de borracha;
- mola de aço;
- lâmina de serra;
- esfera de aço.

Pedimos ao aluno que aperte a rolha de borracha e a observe.

PRÁTICA 8

Depois, com a lâmina de serra, fazemos um esforço. E, então, usamos uma mola.

No caso da mola, esticamos até a zona elástica. Após a cessação da força, ela volta ao normal. Também esticamos até a zona de deformação plástica. Nesse caso, a mola não retoma mais à sua forma original.

2. *Líquidos e gases*

Começamos com uma prática de viscosidade, em que usamos:

- bureta;
- haste universal;
- base de ferro;
- fixador;
- béquer.

> *Por questão de segurança, item primordial em nossas aulas, algumas práticas são realizadas pelo professor. Porém, a conclusão fica a cargo dos alunos que, a partir de uma observação atenta da prática, chegam à teoria.*

Esta é um exemplo de prática realizada pelo professor.

No primeiro momento, após a prática montada, pegamos um béquer com óleo à temperatura ambiente e o despejamos na bureta, sob o olhar atento dos alunos. Solicitamos que, pelo menos um de cada equipe, marque o tempo que o óleo leva para escorrer.

O mesmo procedimento é realizado com o óleo aquecido aproximadamente a 60°C. Neste caso, o óleo escorre de forma muito rápida.

Com a intenção de instigar os alunos a pensarem, iniciamos um diálogo com eles:

— Já fizemos duas das três partes da prática, que era medir o tempo de escoamento do óleo à temperatura ambiente, do óleo aquecido e agora não poderemos fazer a 3ª parte.

— Mas, por que não?

— É que não temos como resfriar o óleo. Não temos aqui uma geladeira, então vamos deixar para depois...

Para nossa profunda satisfação, eles argumentam:

— Mas acabamos de congelar a água aqui na sala, há algumas aulas, por que não fazemos o mesmo com o óleo?

— Não me lembro. Como congelamos a água?

— A senhora está brincando com a gente, usamos gelo picado e sal, a tal "solução refrigerante", lembra?

Como é reconfortante saber que as aulas estão sendo proveitosas, deixando conceitos bem fixados em suas memórias...

— Então, vamos lá!

Em um béquer, colocamos gelo picado e sal. A seguir, introduzimos um tubo de ensaio no béquer com a solução refrigerante, já com o óleo na quantidade estipulada.

Lembramos, aos alunos, que são necessários parâmetros iguais para fazer comparações. Assim, a quantidade de óleo a escorrer tem que ser a mesma para as três temperaturas.

A seguir, uma tabela com tempos que foram encontrados nas três diferentes soluções:

Líquidos	Temperatura (°C)	Tempo de escoamento(s)
Óleo	27°C	3 minutos e 10 segundos
Óleo aquecido	60°C	1 minuto e 39 segundos
Óleo resfriado	−5°C	13 minutos

Algumas perguntas fazem a diferença neste momento:

— A viscosidade de um líquido pode ser medida?
— *Claro que sim, acabamos de ver isto.*
— O que podemos dizer que influi na viscosidade de um líquido?

Um coral se faz ouvir:

— *A temperatura.*
— E o que a temperatura faz para que o líquido escoe com maior ou menor tempo?

Paira no ar um silêncio, um "pensar". Os alunos têm que buscar conhecimentos anteriormente adquiridos a fim de chegar ao conceito de viscosidade.

— Vocês agora vão definir o que é viscosidade. Vamos ver quem tem boa memória para lembrar os conceitos já estudados...

Depois de alguns minutos, relembrando a aula de *estrutura cristalina da matéria*, na qual falamos das forças de coesão e repulsão, uma das equipes busca formular uma resposta:

— *É quando o líquido é viscoso. O líquido é difícil de escorrer.*
— *Quando as partículas ficam muito juntas, fica mais difícil de se movimentarem.*
— *Quando a senhora nos explicou sobre os estados físicos da matéria, desenhou na lousa um pedaço de matéria no estado sólido, outra no estado líquido e outra no estado gasoso. Então, mostrou que as partículas têm mais facilidade de se movimentarem quando estão mais separadas. Quando o óleo é aquecido, as partículas ficam mais separadas, causando um escoamento mais rápido do óleo. Assim, o óleo fica menos viscoso quando está quente.*

Organizando as respostas dos alunos dessa equipe, chegamos à resposta completa:

"Viscosidade é a resistência que um fluído oferece ao escoamento. É dada pela maior ou menor força de coesão ou repulsão entre as partículas que se atritam durante o escoamento".

Outra equipe argumenta:

— *Já sabíamos, é muito lógico o que eles falaram. Maior espaço para se movimentar, menos atrito, mais facilidade de escoar.*

> *Aqui, abrimos um parêntese para ressaltar que, na prática anterior, foi usada uma estratégia para provocar os alunos a chegarem à conclusão desejada; para levar à compreensão de ideias sucessivas e de fatos; para estimular o saber argumentar e o saber ouvir.*
>
> *Quando esses alunos estiverem trabalhando em uma empresa, o executar das suas funções não será mais um "fazer por fazer", mas sim um "saber fazer", com identificação do porquê de ser necessário, por exemplo, resfriamento ou aquecimento na realização de uma tarefa ou função.*

5º tema – Princípios da termologia

> *Uma vez que ciências aplicadas é um componente curricular do programa de aprendizagem industrial, em que práticas em oficinas são realizadas desde o início do curso, os conceitos e atividades desenvolvidos em uma podem ser facilmente relacionados, dando ao aluno uma ideia clara e familiar de aplicabilidade.*

Sobre este tema, começamos as aulas com a seguinte observação:

— Na oficina, vocês estão manuseando outros tipos de materiais. Já reconhecem que alguns deles precisariam ser melhorados, para que sejam obtidas as propriedades mecânicas necessárias ao trabalho que estão fazendo, certo?

E para que isso aconteça, o material tem que passar por tratamentos térmicos, operações que envolvem aquecimento, permanência e resfriamento do material.

Vamos, então, estudar o calor.

> *Chamar a atenção dos alunos para algum problema ou mesmo fazer alguma pergunta que lhes pareça desafiadora costuma ser eficiente para atrair a atenção para o tema tratado.*

Lançamos uma pergunta desafiadora:

— Quem foi o responsável pela realização da primeira reação química?

As respostas são diversas, como, por exemplo, cientistas de quem eles tinham ouvido falar: Lavoisier, Albert Einstein, entre outros. Até que um aluno fala:

— *Foram os homens das cavernas, quando descobriram o fogo.*

Satisfeita com a resposta, confirmo:

— De fato, o homem pré-histórico, que conseguiu acender e controlar o fogo, realizou uma reação química: a combustão.

O controle do fogo pelo homem foi um marco importante para a humanidade. Hoje, é possível fundir e forjar metais, dilatar peças, entre outras muitas funções derivadas do calor.

Em seguida, perguntamos:

— Quem sabe me responder qual é a diferença entre calor e temperatura?

Silêncio. Isso sempre acontece quando a dúvida é geral e ninguém quer se arriscar.

— Aprendemos que as partículas estão em constante vibração. As partículas — átomos, íons, moléculas —, que constituem os materiais, estão em constante vibração, pois são dotadas de energia de agitação. Essa energia de agitação é conhecida pelo nome de *energia térmica.*
— Por exemplo, se conseguíssemos enxergar a estrutura cristalina de um pedaço de aço à temperatura ambiente, veríamos que átomos de ferro e carbono estão vibrando sem saírem do lugar. Os átomos, que constituem o cristal, estão dotados de energia térmica.

E no final, após alguns erros e acertos, chegamos à conclusão:

— Calor é o estado de agitação das partículas que passa de um corpo para outro quando entre eles houver diferença de temperatura.

Mas os esclarecimentos continuam...

— Vocês estão passeando no shopping com suas namoradas de mãos dadas, em um dia muito frio. Os meninos geralmente têm as mãos mais quentes que as meninas. Pergunta: os meninos esquentam as mãos das meninas ou as meninas esfriam as mãos dos meninos?
— *Acho que os meninos esquentam as nossas mãos. Certo?*
— Então: o calor se propaga do corpo mais quente para o mais frio até que aconteça um equilíbrio térmico.

Sobre temperatura, perguntamos:

— E o que é temperatura?
— *É a medida do calor.*
— Então, como medimos o calor?
— *Com um termômetro.*

— Já viram ou usaram algum?
— *Já sim, professora, até quebrei um na semana passada.*
— Como?
— *Minha mãe falou que o termômetro estava com a coluna de mercúrio com falhas.*
— Como assim?
— *Professora, a coluna de mercúrio não era contínua.*
— Agora eu entendi. Mas, como você quebrou o termômetro?
— *Esquentei água até ela ferver e coloquei o termômetro dentro. Achei que o mercúrio iria se dilatar e preencher os espaços vazios.*
— E não foi isso que aconteceu?
— *Não, foi um estouro. O termômetro quebrou, levei um susto!*

Explicamos, então, que o termômetro que ele possuía em casa é um *termômetro clínico* e que a escala termométrica era aproximadamente de 42°C, temperatura bem abaixo do ponto de ebulição da água.

— Agora, vamos conhecer alguns tipos de instrumentos de medição de temperatura. Vocês têm em casa o termômetro clínico, aqui no laboratório temos um termômetro com uma escala maior, que vai até 150°C. Para medir temperaturas mais altas, como ocorre em empresas, existe ainda o *pirômetro*.

Na aula seguinte, o assunto é *Escalas Termométricas*.

— Estudaremos, hoje, como equiparar as escalas termométricas mais comumente usadas no mundo. São elas: escalas Celsius, Fahrenheit e Kelvin.

$$\frac{TC}{5} = \frac{TF - 32}{9} = \frac{TK - 273}{5}$$

Depois de explicarmos como as escalas termométricas foram elaboradas, vários exercícios fizeram que o conteúdo fosse mais bem entendido.

Encerramos mais uma aula com uma observação:

— Se vocês viajarem para outros países ou se ficarem doentes, saberão verificar a temperatura nas escalas Celsius, Fahrenheit e Kelvin.

Antes de iniciar o relato de mais uma aula, uma pausa para duas ponderações:

- *é importante ressaltar que a construção do aprendizado é diária, contínua;*
- *é grande a responsabilidade do docente, que não pode simplesmente expor conteúdos. Ele deve estar convencido de que os conteúdos foram compreendidos; deve estar atento para acrescentar novas explicações, quando necessárias; deve estar convicto de que os conteúdos aprendidos, hoje, servirão de embasamento, no futuro, para atividades profissionais.*

Na aula seguinte, os alunos estão ansiosos por fazer a prática de laboratório.

Realmente, vamos fazer uma nova prática com os objetivos de identificar a condução como forma de propagação de calor, a velocidade com que ele se propaga nos sólidos e se a natureza do material sólido influi em sua capacidade de conduzir o calor.

Nessa prática, usaremos:

- um bico de Bunsen;
- uma haste de vidro;
- uma haste de latão;
- uma haste de alumínio;
- uma haste de ferro;
- uma chapa protetora;
- fósforos de segurança.

Além da teoria

Para iniciar a prática, orientamos um grupo de quatro alunos:

— Cada um de vocês pegará uma das hastes e a colocará na chama do bico de Bunsen.

Os alunos escolhem as hastes e são orientados a segurá-las à mesma distância da extremidade. Todos colocam as pontas da haste, ao mesmo tempo, na chama do bico de Bunsen, conforme as imagens a seguir:

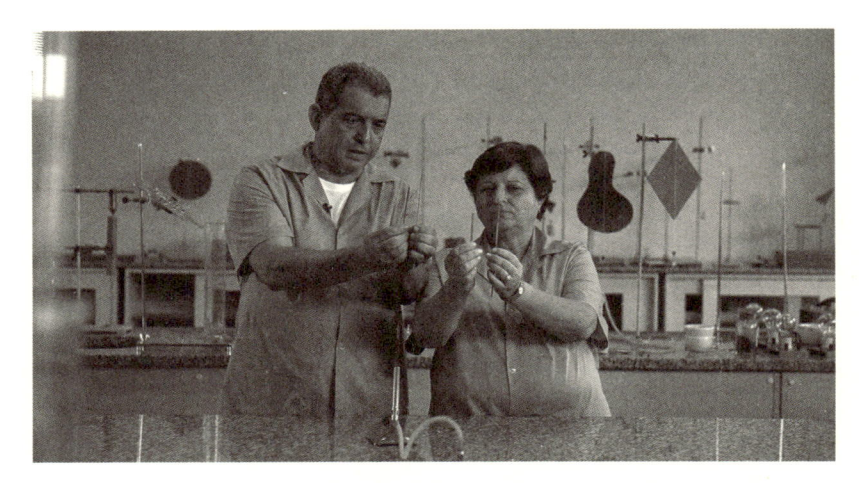

PRÁTICA 9

Conforme vão sentindo seus dedos aquecendo, afastam as mãos, tirando as hastes da chama.

— Qual de vocês teve que afastar mais a mão da extremidade da haste?
— *Fui eu.*
— Qual era o material da haste que você estava segurando?
— *Era de alumínio.*
— E depois? (...)

E assim a sequência foi estabelecida: alumínio, latão, ferro e, por último, vidro. Evidencia-se, dessa forma, que a natureza do material interfere na condução do calor.

Terminamos nossa aula conceituando *condução*.

A sequência de práticas envolvendo o calor exige muito a atenção dos alunos e é de muita utilidade nas práticas de oficina.

Na aula seguinte, estudamos outro tipo de *propagação de calor, nos líquidos e gases*, chamada *convecção*.

Nesta prática, vamos usar:

- bico de Bunsen;
- béquer;
- tela de amianto;
- tripé;
- serragem;
- uma proveta graduada;
- um pedaço de vela;
- um suporte de arame para vela;
- uma régua metálica em T;
- fósforos de segurança.

PRÁTICA 10

Na água do béquer, colocamos um pouco de serragem, para visualizar a movimentação da água. As partículas da serragem são carregadas para baixo e para cima. Explicamos, então, como ocorre a convecção nos líquidos.

Em seguida, continuamos a prática colocando, em uma proveta, um pedaço de vela num suporte próprio.

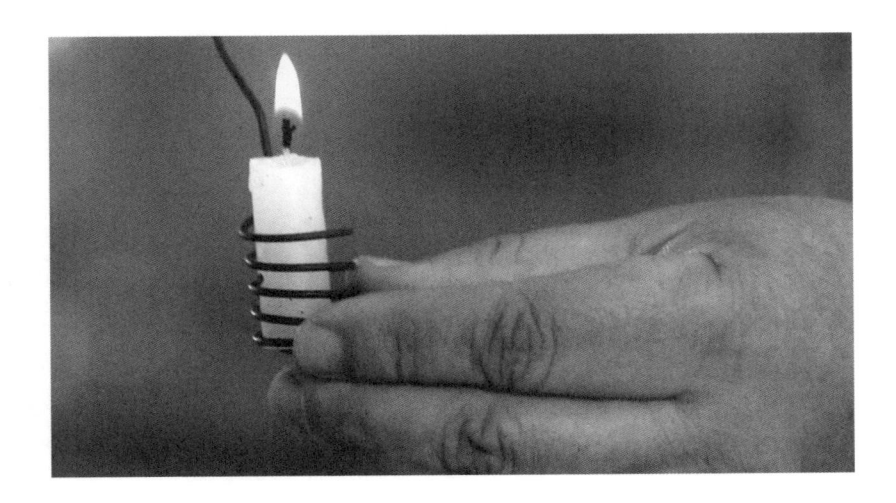

Além da teoria

PRÁTICA 11

A seguir, colocamos uma régua de metal com formato T dentro da proveta, deixando espaço correspondente a dois dedos de cada lado.

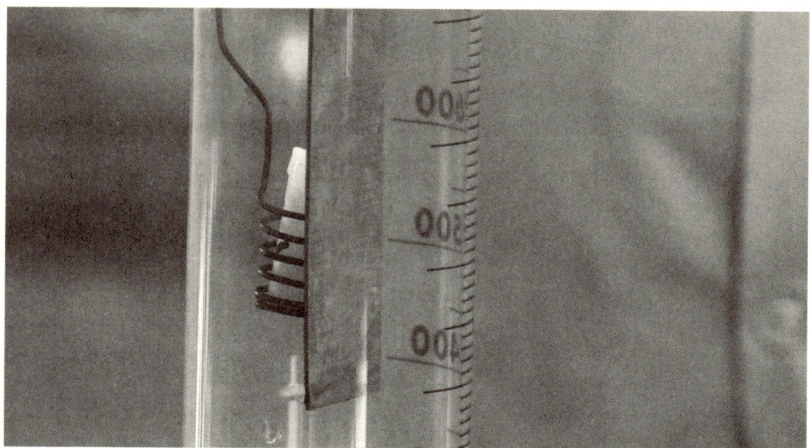

Neste momento, verifica-se que sobe ar quente no lado em que ficou a vela e, no lado oposto, desce ar frio.

Podemos enriquecer ainda mais esta prática e torná-la mais interessante com a utilização de espirais, que soltam fumaça ao serem aquecidas.

Ao aproximar a espiral da proveta, a fumaça desce pelo lado que não está aquecido, faz a volta por baixo da régua e sobe pelo outro lado. Comprova-se, assim, que o ar, ao ser aquecido, torna-se mais leve e sobe. Deixa-se claro, então, o conceito de convecção.

Na aula seguinte, vamos estudar *propagação do calor por radiação*.

Uma prática muito interessante da propagação de calor por radiação é feita usando termômetros de laboratório, um com bulbo escurecido e outro normal.

Preparamos o termômetro com o bulbo escurecido com fuligem ou com cola e tinta preta.

Material necessário para a prática:

- um termômetro;
- um termômetro com fuligem no bulbo;
- uma lâmpada de 12v-15w;
- um fio de ligação;
- uma extensão com plugue;
- um interruptor;
- um cronômetro.

PRÁTICA 12

Os termômetros são colocados ao mesmo tempo ao lado da lâmpada, para que recebam a mesma quantidade de calor. Observa-se, após alguns minutos de exposição ao calor, que o termômetro com bulbo escuro ou fuligem aquece mais rápido.

Os alunos anotam a temperatura dos dois termômetros minuto a minuto. Percebem que o termômetro de cor escura vai adquirindo temperaturas maiores que o de cor clara.

Depois de desligada a lâmpada, continuamos a marcar as temperaturas registradas pelos termômetros. Constatamos que o termômetro de cor escura se resfria mais rápido que o de cor clara.

Neste momento, após reflexão sobre os fenômenos, os alunos entendem a influência das cores na absorção e refração do calor por radiação.

Para finalizar o estudo sobre propagação do calor, os alunos, reunidos em grupo, chegam às seguintes conclusões:

- cores escuras:
  → bons absorventes de calor, maus refletores e bons emissores;
- cores claras:
  → maus absorventes de calor, bons refletores e maus emissores.

A partir dessas conclusões, podemos explicar o uso de cores nas indústrias – como, por exemplo, a pintura de interiores de fornos industriais – e, até mesmo, a escolha da cor de roupa nos dias quentes.

6º tema – Dilatação térmica

> *Existem inúmeras estratégias de ensino, mas temos que verificar aquela que, no momento, seja a que apresente maior potencial para o alcance do nosso objetivo. Percepção e "jogo de cintura" são imprescindíveis, uma vez que, às vezes, turmas de mesmo nível exigem estratégias diferentes para que o aprendizado se concretize.*

A princípio, devemos ter bem claro qual é o nosso objetivo.
Na unidade que iremos estudar – dilatação térmica –, podemos:

- conhecer os tipos de dilatação e seus efeitos;
- aplicar os conceitos relativos à dilatação;
- resolver problemas usando coeficientes de dilatação linear, superficial e volumétrica.

Começamos nossa aula com uma introdução teórica. Nela, ressaltamos que, quando aquecemos um sólido qualquer, suas dimensões geralmente aumentam. A este aumento das dimensões de um sólido, devido ao aquecimento, chamamos de *dilatação térmica*.

Vamos, então, mostrar que, ao aquecermos um cubo de aço, verificamos três tipos de dilatação: linear, superficial e volumétrica.

Contudo, de acordo com a forma do corpo, é comum observarmos que um tipo de dilatação destaca-se das demais. No caso do cubo, por exemplo, a dilatação volumétrica prevalece sobre a linear e superficial. Se aquecermos uma chapa de aço, a dilatação que se destacar mais é a superficial.

— Vocês já viram um trilho de estrada de ferro? Ou mesmo do metrô?

Vários respondem:

— *Já sim, mas o que isso tem a ver com dilatação?*
— Se vocês já observaram, entre os trilhos existem espaços vazios.
— *Já vi estes espaços vazios. Para que eles servem?*

Um aluno logo responde:

— *Já sei! Quando o trem passa, os trilhos se aquecem e ocorre a dilatação, não é professora?*
— Sim, mas o que podemos concluir?
— *Se o trilho do trem se dilata, vai aumentar de tamanho. Por isso, tem que haver os espaços vazios para que eles não se entortem se deformem.*

Complementamos, dizendo que chamamos os espaços vazios de *juntas de dilatação*.

— Hoje vamos fazer uma prática e vocês deverão observar com bastante atenção. O objetivo é identificar o efeito do calor nos sólidos.

Para realizar a prática, são necessários:

- duas hastes universais;
- dois fixadores;

- um interruptor;
- dois fios de ligação;
- uma extensão com plugue;
- um pedaço de lixa de água;
- 1,5m de fio de cobre nº 28 ou nº 30.

PRÁTICA 13

Ao montarmos a prática, peço aos alunos que lixem as extremidades do fio de cobre. Logo, alguns questionam a razão de ser necessário lixar.

— Por favor, quem pode me responder?

Depois de alguns minutos e muitas tentativas, chegam à seguinte conclusão:

— *Professora, quando lixamos as pontas do fio de cobre, sai a proteção que estava em volta. Isso vai facilitar a passagem da corrente elétrica que vai aquecer o fio.*

Chamo a atenção de todos:

— Vamos, agora, fechar o circuito!

Ao fecharmos o circuito elétrico, os átomos do fio de cobre passam a vibrar mais intensamente, provocando a geração de calor que irá dilatar o fio de cobre.

Sob o olhar atento dos alunos, o fio de cobre sofre a dilatação e aumenta de comprimento.

Ao abrirmos o circuito, ele volta ao normal.

— *Professora, o fio formou uma "barriga", como acontece com o fio dos postes nos dias quentes de verão.*

— Que tipo de dilatação vocês estão presenciando?

— *Dilatação linear.*

— Certo. O fio que estamos utilizando é de cobre. Se fosse de alumínio, teríamos o mesmo resultado?

O aprendizado vai sendo sedimentado e usado como alicerce para as novas descobertas.

Um aluno responde:

— Quando fizemos a prática da condução do calor, constatamos diferenças entre os materiais. Essa mesma diferença deve continuar nesta prática. Então, se o fio fosse de alumínio, teria diferença no comprimento do fio.

Assim, terminada a prática, vamos conhecer uma tabela que nos informa o coeficiente de dilatação linear de cada material.

Através de experiências, podemos determinar o aumento do comprimento de determinado material para cada grau Celsius de temperatura. Temos, então, o *coeficiente de dilatação linear*.

A tabela a seguir relaciona algumas substâncias e seus respectivos coeficientes de dilatação linear.

Substâncias	Coeficiente de dilatação linear (a) em °C^{-1}
Aço	0,000013 ou 1,3 × 10^{-5}
Alumínio	0,000024 ou 2,4 × 10^{-5}
Chumbo	0,000029 ou 2,9 × 10^{-5}
Cobre	0,000017 ou 1,7 × 10^{-5}
Estanho	0,000023 ou 2,3 × 10^{-5}
Latão	0,000019 ou 1,9 × 10^{-5}
Porcelana	0,000003 ou 3 × 10^{-6}
Vidro comum	0,000009 ou 9 × 10^{-6}
Vidro pirex	0,0000032 ou 3,2 × 10^{-6}

É fácil determinar a dilatação linear de qualquer substância em qualquer temperatura. Para isso, basta conhecer seu coeficiente de dilatação linear e aplicar a seguinte fórmula:

$$\Delta \ell = \alpha \times \ell_0 \times \Delta_t$$

onde:

$\Delta \ell$ = dilatação linear
α = coeficiente de dilatação linear
ℓ_0 = comprimento inicial
Δ_t = temperatura final – temperatura inicial

Fizemos exercícios, em que calculamos o comprimento total do fio, a temperatura, a diferença de comprimento inicial e final (que chamamos de $\Delta \ell$).

Os alunos ficaram satisfeitos com os resultados, porque chegamos a valores bem próximos na prática e no cálculo analítico.

Perguntei a eles se esse tema estudado pode ser aplicado em suas profissões. Com a transferência do aprendizado para o mundo do trabalho, eles me explicaram:

— *Na empresa que trabalho, aquecemos os rolamentos para serem colocados nos eixos.*

Outro aluno lembra:

— *Usamos o aquecimento para rebitar chapas.*

Neste dia, encerramos a aula com a certeza de que contribuímos para um melhor entendimento científico e, também, para a compreensão das atividades diárias.

Na aula seguinte, vamos fazer uma prática de *dilatação volumétrica*, cujo resultado fica visível aos olhares curiosos dos alunos.

Esta prática é feita pelo professor e tem como objetivo demonstrar a dilatação volumétrica dos sólidos. Para sua realização, são necessários:

- um béquer;
- um bico de Bunsen ou aquecedor elétrico de água;

- um cilindro de alumínio (mais ou menos da altura do béquer);
- um termômetro;
- um comparador micrométrico com base magnética.

PRÁTICA 14

— Por favor, eu preciso de um aluno que meça o comprimento do cilindro de alumínio.

Apareceram vários voluntários para esta tarefa, que agora já é muito simples, se compararmos com a dificuldade demonstrada nas primeiras aulas.

— *Eu meço.*
— Qual foi o resultado? Por favor, fale bem alto para que seus colegas possam anotar.
— *O comprimento da peça é:*

$$\ell_0 = 95\text{mm}$$

— Agora precisamos medir a temperatura da peça.
— *A temperatura é:*

$$t_0 = 26°\text{C}$$

Solicitamos que todos viessem verificar a posição do relógio comparador, que estava na posição zero.

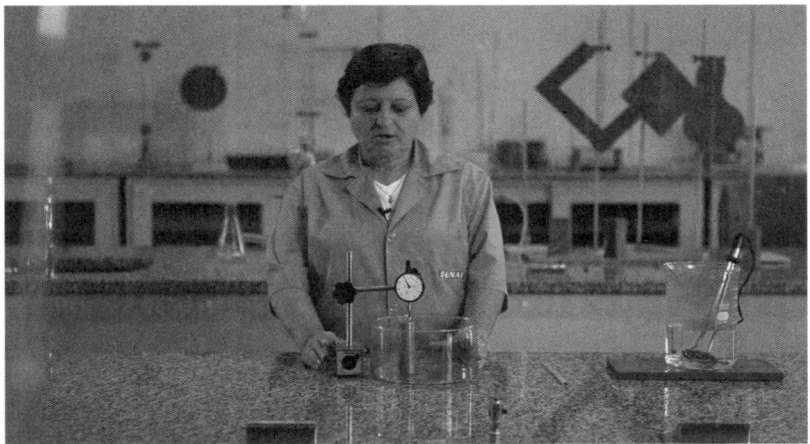

Aquecemos água, até atingir a temperatura de 60°C, e a colocamos dentro do béquer, que estava com o cilindro de alumínio. Pedimos que todos viessem verificar a posição do relógio comparador e anotassem a nova posição do comparador micrométrico.

— O ponteiro se moveu 0,07mm.
— Então, o comprimento do cilindro de alumínio passa a ser: 95mm + 0,07mm = 95,07mm.

Além da teoria

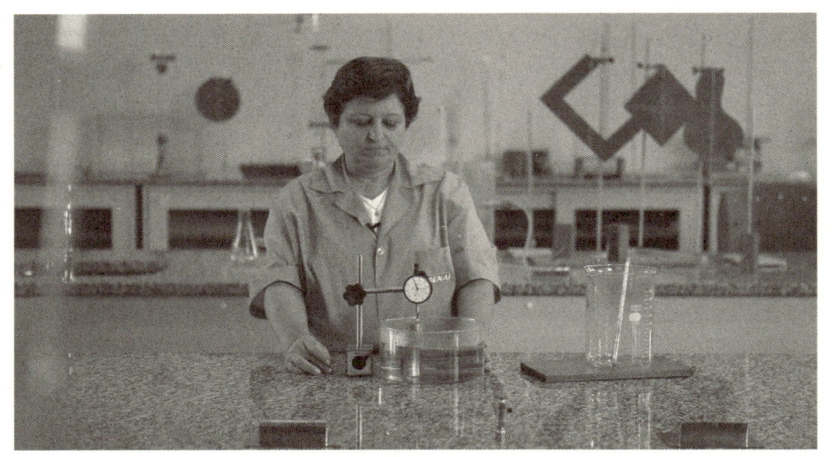

A seguir, solicitamos aos alunos que calculassem o *coeficiente de dilatação do alumínio*.

Os alunos atentos logo falam:

— *É possível calcular? Não temos na tabela?*
— Vamos calcular. Já temos o comprimento inicial da peça = 95mm, a dilatação = 0,07mm, a temperatura inicial = 26°C e a temperatura final, após o cilindro ser aquecido = 60°C.

$$\alpha = \frac{\Delta \ell}{\ell_0 \times \Delta_t}$$

$$\alpha = \frac{0{,}07\,\text{mm}}{95\,\text{mm} \times 34°C}$$

$$\alpha = \frac{0{,}07}{3230°C}$$

$$\alpha = \frac{0{,}0000216}{°C}$$

$$\alpha = 0{,}0000216\ °C^{-1}$$

$$\boxed{\alpha = 21{,}6 \times 10^{-6}\ °C^{-1}}$$

$$\boxed{\text{ou}\ \ 2{,}16 \times 10^{-5}\ °C^{-1}\ (\text{notação científica})}$$

— *Chegamos quase ao valor da tabela que temos, que é:*

$$\alpha\ A\ell = 22{,}5 \times 10^{-6}\ °C^{-1}$$

Explicamos que, para chegar ao valor exato, seria necessário ter um alumínio com a mesma composição constante da tabela.

— ... mas o resultado alcançado foi ótimo.

A seguir, comentamos que há, ainda, outra forma de mostrar a dilatação volumétrica nos sólidos, com o uso do *anel de Gravesande*.

Antes de aquecermos uma esfera, ela passa facilmente pelo orifício. Depois de aquecida, não consegue mais passar. Isto se deve à dilatação que a esfera sofreu ao ser aquecida.

Além da teoria

Todos concordaram e, então, terminamos mais um dia de aula.
Na aula seguinte, iniciamos nova prática, com o objetivo de visualizar o efeito do calor nos líquidos e gases. Para esta prática, são necessários:

- dois balões de vidro de boca estreita;
- uma bexiga (balão de festa);
- uma tela com amianto;

- uma rolha com furo (Ø 5mm);
- um tripé;
- uma vareta de vidro de Ø 5mm, com uns 50cm de comprimento;
- um bico de Bunsen;
- um tubo de corante alimentício (de qualquer cor);
- um anel de látex de Ø 5mm;
- fósforos de segurança.

Esta prática é realizada por grupos formados por quatro alunos.

Usamos corante alimentício, que dará tonalidade à água. Usamos, também, um anel de borracha para marcar o nível da água. A tonalidade permitirá a observação do aumento do nível da água, quando aquecida, ultrapassando o nível marcado pelo anel de borracha, na vareta de vidro.

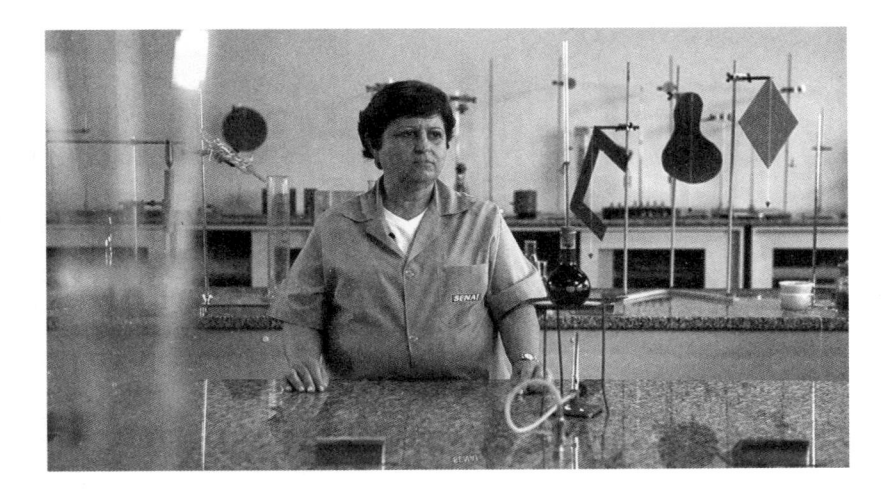

PRÁTICA 15

A seguir vamos verificar a dilatação dos gases.

Nesta prática, os alunos aquecem um balão de vidro com um pouco de água dentro e com uma bexiga em sua boca.

Além da teoria

PRÁTICA 16

Os alunos acabam aplaudindo o resultado.

7º tema – Tratamento térmico

Esta aula começa com uma introdução teórica, em que abordamos como os metais se estruturam atomicamente, formando uma *rede cris-*

talina. Estudamos, também, as propriedades inerentes a cada cristalização. A seguir, fazemos uma prática de tratamento térmico, para visualizar o efeito do calor nos metais.

O objetivo dessa prática é verificar as mudanças sofridas por uma amostra de aço, ao receber um tratamento térmico, e a velocidade de resfriamento, como um dos fatores que influenciam nos resultados obtidos.

Para a prática, são necessários:

- um pedaço de arame de aço 1040 a 1050 de uns 15cm;
- um bico de Bunsen;
- uma tabela de cores de aquecimento;
- um cristalizador;
- uma lima murça;
- uma rolha de cortiça;
- uma chapa protetora de aglomerado ou similar;
- fósforos de segurança.

Para iniciar, pegamos um pedaço de arame de aço e pedimos:

— Por favor, tem alguém na sala bem forte?

Vários alunos são candidatos. Finalmente, o escolhido se apresenta.

— *O que eu tenho que fazer?*

Pedimos que dobre o arame de aço.

PRÁTICA 17

O aluno, com certa facilidade, dobra o arame de aço. Outros alunos também dobram o arame.

Continuando a prática, solicitamos que, com o auxílio de uma lima, desbastem a ponta do arame. A seguir, uma rolha de cortiça deve ser colocada em uma das extremidades do arame.

Depois da montagem, solicitamos que aqueçam a extremidade do arame até que fique na cor vermelho cereja. A cor a cada momento obtida deve ser comparada com a desejada, que consta da tabela de cores.

— Alcançada a cor desejada, mergulhem a ponta aquecida em água e agitem por alguns instantes.

Após esse procedimento, pedimos que os alunos desbastem novamente a ponta tratada com a lima e, depois, a dobrem.

— *Professora, ficou muito dura, não dá para desbastar.*

Insistimos, pedindo para que dobrem o arame de aço como da primeira vez, só que agora na ponta que recebeu o tratamento térmico. Começamos a ouvir:

— *Quebrou...*
— Vamos discutir o motivo de ter quebrado.

Concluímos, então, que o material agora estava mais duro e, quanto mais duro, mais frágil. Ainda, observamos que a têmpera, à qual o arame de aço foi submetido, e a forma como foi resfriado alteraram as propriedades mecânicas do material.

8º tema — Força

Iniciamos o estudo de força ressaltando que este tema da física fornece todo o embasamento teórico necessário para ser aplicado na área da mecânica, em ferramentas de corte ou em cálculos de forças nas engrenagens. Nesse sentido, podemos apresentar o exemplo a seguir.

Numa engrenagem helicoidal, o módulo da força $\vec{F}_1$ é 800N e o módulo da força resultante $\vec{F}R$ é 850N. Determine o módulo da força axial $\vec{F}a$ graficamente.

Escala: 1cm = 200N.

Começamos a aula perguntando se eles acreditavam em coisas que não viam.

Logo, o assunto envolveu a todos. Alguns diziam que acreditavam em alma do outro mundo, em fantasmas e tudo mais.

Então, perguntamos se eles sabiam o que era *força*.

— Vocês já viram a força?

Logo respondem:

— *Não.*
— Então, se não viram, sabem o que é?

A discussão continua, até que um aluno diz:

— *Professora, a gente não vê a força, mas enxerga o que ela faz.*
— Por favor, você pode citar um efeito da força?
— *Quando um carro bate num poste, ele fica todo amassado. Foi a força que impulsionou o motor que fez o carro bater. Não vemos a força, mas vemos o carro batido.*
— É isso mesmo. O que vemos é o efeito da deformação. Então, podemos dizer que força é uma grandeza vetorial, que não se vê, mas da qual sentimos os efeitos.

A seguir, perguntamos:

— Falamos em força, mas o que seria um sistema de forças?

Logo, um dos alunos responde:

— *Várias forças juntas.*

— Certo, mas como juntas?
— *Agindo num só corpo.*
— Se eu tenho várias forças num só corpo, eu tenho uma força chamada de *resultante*.

Depois de várias explicações de forças paralelas e concorrentes, os alunos chegaram à conclusão:

— *Resultante é a única força capaz de substituir todas as demais existentes no sistema.*

Ressaltamos que, além da resultante, temos a *equilibrante*, que é a força que equilibra o sistema.

O objetivo da prática, a seguir descrita, é mostrar como se determina a resultante de um sistema de forças e conhecer os elementos que o compõem.

Para a realização da prática, são necessários:

- uma caixa com pesos;

- duas roldanas fixas em hastes;
- uma chapa de aglomerado ou similar;
- um pedaço de sarrafo leve ou régua de madeira;
- dois fixadores;
- duas hastes universais;
- barbante.

PRÁTICA 18

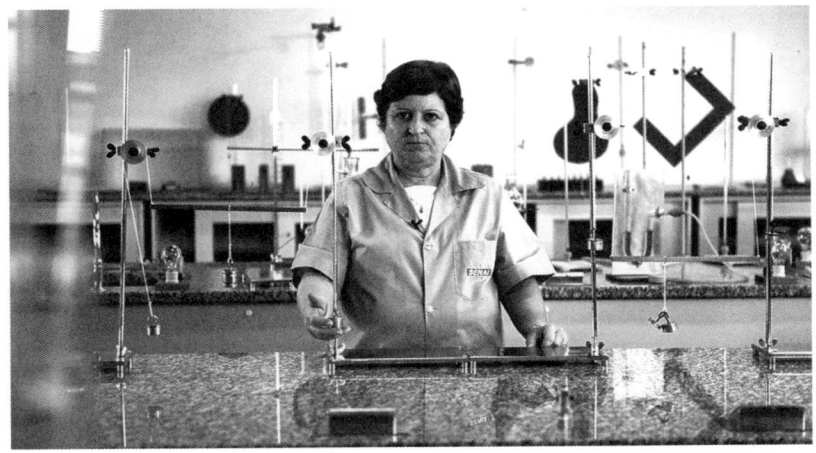

Depois do sistema montado, pergunto aos alunos:

— Como é denominada a força que está no centro do sistema?

Um aluno logo responde:

— *Resultante.*

Vários concordam, outros discordam e alguns estão em dúvida.

— Por favor, retirem a força que está no meio do sistema de forças e verifiquem o que acontece.
— *Professora, o sistema se desequilibra, para o lado esquerdo, onde a força é maior.*
— Então esta força não é a resultante...
— *Já sei. É a equilibrante.*

Nessa prática, o interessante é levar o aluno a observar que a força, que está no centro do sistema, não é a resultante e sim a equilibrante. Ainda, deve perceber que a resultante não está visível, mas podemos mostrá-la de maneira experimental.

— Vamos montar outro sistema? Agora, com forças de intensidades diferentes.

O sistema montado mostra forças paralelas de mesma direção e sentido, mas de intensidades diferentes. A equilibrante e a resultante se deslocam para o lado da força de maior intensidade.

PRÁTICA 19

Os alunos, então, aprendem a calcular a intensidade da força resultante por meio de métodos:

- prático;
- analítico, por meio de expressões matemáticas;
- gráfico.

Na aula seguinte, o desafio é montar um sistema de forças, com ângulos diferentes. A abertura do ângulo é obtida por meio dos gabaritos.

PRÁTICA 20

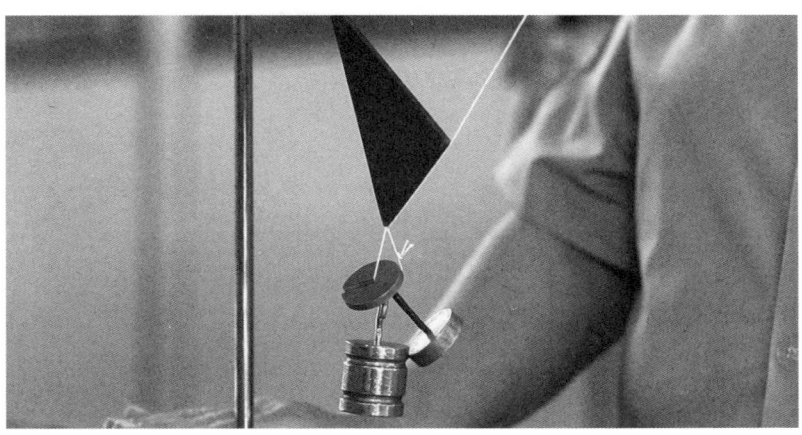

O sistema é montado variando a intensidade da força chamada de F3. Buscamos obter o equilíbrio do ponto A (nó do barbante) com o ângulo de 90° entre F1 e F2, que são as forças dos extremos.

Após o alcance do equilíbrio do sistema, tiramos a chamada força F3.

Perguntamos aos alunos:

— Em qual direção sua mão está sendo puxada?
— *Para cima.*
— Então existe uma força aí, na sua mão?
— *Sim.*
— Como é chamada esta força?
— *Resultante.*

Depois das práticas, seguem os exercícios por meio dos quais irão aprender a calcular as forças inerentes aos sistemas apresentados, decomposição de forças e cálculos dos ângulos entre as forças.

Encerramos, portanto, a unidade *força* e iniciamos, na aula seguinte, o estudo de *força de atrito*.

Estudam-se *atrito útil* e *atrito prejudicial*, levando em consideração, inclusive, as atividades dos alunos dentro das empresas.

> *É importante salientar que vários alunos, aprendizes em empresas, não deixam as máquinas por eles utilizadas sem as devidas lubrificações, por saberem calcular a força de atrito. Para tanto, os alunos aplicam, entre outros, conhecimentos adquiridos nas aulas de ciências.*
>
> *Cada dia mais, a vivência e os conteúdos das aulas levam a um posicionamento científico, base para o aluno tornar-se um agente crítico, observador e capaz de obter suas próprias respostas.*

9º tema – Densidade dos materiais e pressão

Iniciamos com uma pergunta:

— Qual a diferença entre um quilo de algodão e um quilo de chumbo?
— *Eu sei. Por ser mais leve, é necessário mais algodão para formar um quilo.*
— Como assim?
— *Professora, o algodão tem um volume maior.*
— Agora entendi. A diferença está no volume. E no que o volume interfere, se os produtos têm a mesma massa?
— *Na densidade.*

$$d = \frac{m}{v}$$

— Gostei da resposta. Vamos, agora, fazer uma prática para determinar a densidade de um sólido regular.

Nesta prática, vamos utilizar:

- uma balança de Roberval ou eletrônica;
- uma caixa com pesos;
- um paralelepípedo de alumínio (10 × 3 × 1,5 cm);
- uma régua;
- uma proveta graduada de 1000 mL;
- um béquer;
- cordonê.

PRÁTICA 21

O objetivo é determinar, com o uso da balança, a massa do paralelepípedo e, depois, com o auxílio de uma régua, medir as suas dimensões.

Como se trata de um paralelepípedo regular, é fácil calcular matematicamente seu volume. Em seguida, fazemos os cálculos da densidade do material e, com o auxílio de uma tabela, descobrimos de que material o bloco é feito.

Distribuímos blocos de diferentes materiais para os grupos. Depois de examiná-los, os grupos trocam os blocos entre si, para comparar as respostas.

— Vocês acharam fácil, não é? Só que teríamos um problema maior se tivéssemos um sólido todo irregular.

Tinha nas mãos um pedaço de aço, cheio de pontas, chanfros.

— *Esse não dá para calcular!*
— Claro, que dá. Vamos pensar.

Pegam a régua e verificam a impossibilidade real de efetuar a medição. Na lousa, sem chamar a atenção deles, coloco a fórmula:

$$1mL = 1cm^3$$

— *O que a senhora colocou na lousa resolve o nosso problema. Se mL é a medida de líquidos e cm^3 é a medida de volume e se são iguais, é só colocar o sólido irregular dentro da água.*

Os alunos verificaram que encontrar a resposta certa é uma questão de raciocínio, de perspicácia e de transferência de aprendizado.

A próxima prática tem por objetivo determinar o volume e a densidade de um sólido irregular e nela usamos:

- um sólido irregular;
- cordonê;
- uma proveta graduada de 500mL.

Inicialmente, colocamos água na proveta e medimos o seu volume. Depois, o sólido irregular é amarrado com cordonê e mergulhado na proveta. Verificamos, então, a diferença entre o volume inicial e o medido com o sólido mergulhado. Essa diferença é o volume do sólido.

10º tema — Pressão exercida pelos corpos apoiados

Esta unidade é de grande relevância, pois os conceitos, nela estudados, são aplicados em quase todas as áreas profissionais. Os alunos terão a base científica relacionada a prensa hidráulica, freio hidráulico, pressão hidrostática, pressão atmosférica, pressão exercida pelos gases. Conhecem, ainda, os instrumentos mais utilizados para efetuar essas medições, tais como manômetros e barômetros.

Perguntamos aos alunos:

— Vocês, quando crianças, já ficaram de pé na cama?
— *Claro que sim.*
— E quando o colchão da cama afunda mais, quando vocês estão de pé ou deitados?
— *Quando estamos de pé.*
— Por quê?

Pensam e logo respondem:

— *Porque o peso do nosso corpo está apoiado só nos pés, que é menor do que o corpo.*
— Então, falando em área, qual é a maior, a dos pés ou do corpo?
— *A área dos pés é menor. O peso do nosso corpo está apoiado numa área menor do que quando estamos deitados.*
— Certo. Vocês já sabem que:

$$P = \frac{F}{A}$$

Já aprenderam que pressão e área são grandezas inversamente proporcionais, ou seja, quanto menor for a área, maior será a pressão, e vice-versa.

A próxima prática tem por objetivo identificar os fatores que determinam a variação de pressão exercida por um corpo apoiado sobre uma superfície. Para sua realização, são necessários:

- dois paralelepípedos de madeira (10 × 3 × 1cm);
- dois paralelepípedos de alumínio (10 × 3 × 1cm);
- uma caixa;
- uma balança de Roberval ou similar;
- uma caixa de pesos;
- uma régua;
- talco.

Primeiramente determinamos a massa dos paralelepípedos.

PRÁTICA 22

Depois, colocamos os paralelepípedos apoiados nas suas diferentes faces e observamos as depressões causadas no talco. Tais depressões nos possibilitam efetuar os cálculos da pressão exercida na superfície em contato.

Podemos, com essa prática, além de calcular a pressão exercida pelo paralelepípedo nas diferentes faces, calcular também a área de cada face do paralelepípedo, usando o valor da pressão.

A próxima prática refere-se à *pressão atmosférica*. Podemos verificar a existência da pressão atmosférica e provar que ela age em todos os sentidos.

Nesta prática, são necessários:

- um suporte de arame;
- uma proveta graduada;

- uma tira de fita crepe;
- um chumaço de algodão;
- um tubo de ensaio;
- um cristalizador;
- fósforos de segurança;
- pedaços de cartolina ou papel sulfite.

Enchemos um tubo de ensaio com água e, em seguida, colocamos um pedaço de cartolina ou papel sulfite na sua extremidade. Em seguida, invertemos o tubo, deixando-o na posição horizontal.

PRÁTICA 23

Desta maneira, provamos que a pressão atmosférica age em todos os sentidos.

Comentamos, ainda, que podemos fixar uma moeda ou um apagador de madeira numa porta, também de madeira, simplesmente retirando o ar entre eles.

Pode-se, ainda, fixar um desentupidor de pia no azulejo da cozinha de sua casa ou dois desentupidores, um contra o outro, reproduzindo assim a experiência de Otto Von Guericke.

Essa experiência visava à separação de dois hemisférios de cobre, de 51cm de diâmetro, unidos, por contato comum, com um anel de couro, formando uma área fechada. Dessa área foi extraído o ar, com recurso de uma bomba de vácuo, inventada pelo próprio Von Guericke. Em cada hemisfério existiam anéis para prender cabos ou correntes, que eram puxados, por 24 cavalos, em sentidos opostos.

A próxima experiência mostra a força com que a pressão atmosférica age sobre os corpos.

Usamos:

- uma cuba de vidro;
- um chumaço de algodão;
- uma proveta;
- álcool;
- água;
- fósforos de segurança;
- um suporte de arame.

Colocamos um chumaço de algodão, embebido em álcool, num suporte de arame, que fixamos no fundo de uma cuba. Em seguida, colocamos água, a uma altura inferior ao do chumaço de algodão.

Emborcamos a proveta na cuba de vidro. Os alunos observaram que a água subiu um pouco, dentro da proveta.

Em seguida, ateamos fogo no chumaço de algodão e emborcamos novamente a proveta na cuba. Os alunos viram a água subir rapidamente na proveta.

— Por que a água subiu mais rapidamente quando colocamos fogo no chumaço de algodão?

Eles pensam, arriscam algumas respostas. Mas, juntos, vamos chegar à conclusão.

— Por que colocamos fogo no chumaço de algodão?
— *Para aquecer o ar.*
— E quando o ar foi aquecido, o que aconteceu?

Um aluno responde:

— *O ar, ao ser aquecido, fica mais leve e sobe. Mas como a proveta é fechada, o ar não pode subir e sair da proveta.*
— Se o ar não saiu e deu lugar para água, o que pode ter acontecido?

Pedimos que os alunos se reúnam em grupos e procurem a resposta certa. Logo, um grupo pede para responder:

— *O ar aquecido não pode sair, mas, para alimentar a queima do chumaço que estava embebido em álcool, o oxigênio do ar foi consumido e deu lugar à água.*
— Está certo. Vamos também lembrar que, com menos ar dentro da proveta, temos uma diferença de pressão atmosférica, o que faz que a água de fora, com mais pressão, vá para dentro da proveta.

Já estudamos a pressão dos sólidos e do ar. Agora vamos estudar a *pressão exercida pelos líquidos*.

Os objetivos de nossa próxima prática são:

- verificar se os líquidos exercem pressão contra as paredes dos recipientes onde estão contidos;
- determinar a pressão efetiva que um líquido exerce no fundo de um recipiente.

Para a prática, são necessários:

- lata com três furos;
- uma régua;
- massa de modelar;
- pedaço de arame;
- água.

No início, tapamos os furos da lata com massa de modelar.

PRÁTICA 24

Enchemos, então, a lata com água e a posicionamos com os furos voltados para a cuba da pia. Depois, removemos a massa de modelar dos furos, com o auxílio de um arame.

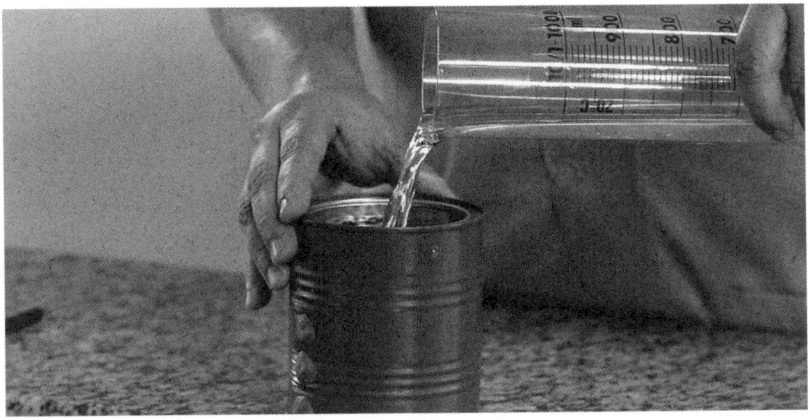

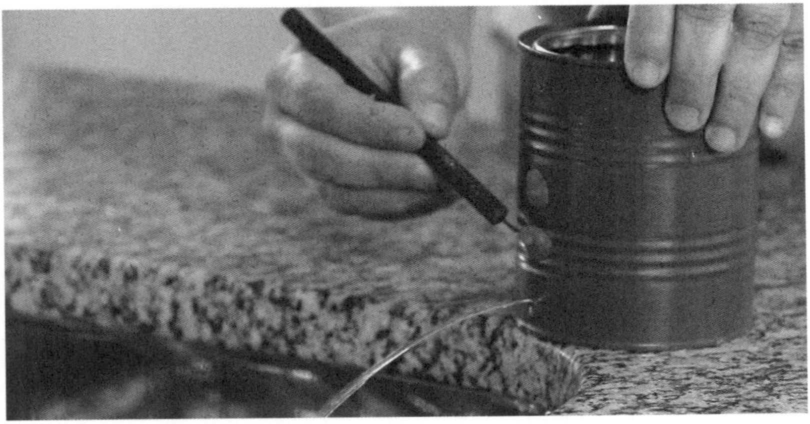

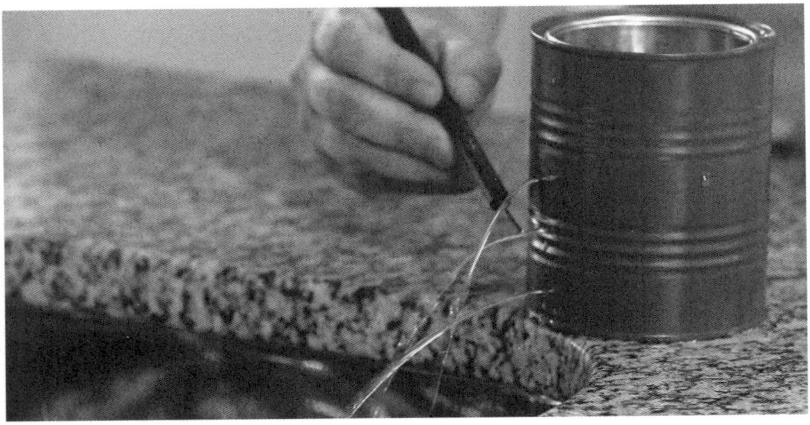

Nesse momento, analisamos os jatos. Vamos verificar em que região a pressão, exercida pelo líquido, é maior e por que alcançam distâncias diferentes.

Comentamos que a altura da coluna do líquido, a densidade e a aceleração, devida à gravidade, são os fatores que influem na pressão efetiva que os líquidos exercem contra as paredes dos recipientes.

Chegamos, assim, à expressão matemática:

$$P = \mu \times g \times h$$

A seguir, realizaremos uma prática que mostra a pressão exercida pela coluna de líquido nos corpos.

Os objetivos da prática são:

- verificar se os líquidos exercem pressão nos corpos neles mergulhados;
- identificar um dos fatores que influem no valor da pressão exercida pelos líquidos contra os corpos neles mergulhados.

Para a realização da prática, são necessários:

- um tubo recurvado em U preso em suporte;
- uma proveta graduada de 1000mL;
- uma cápsula manométrica;
- um béquer;
- um cristalizador;
- uma seringa hipodérmica;
- pano para limpeza;
- tubos de látex;
- balão de festa ou similar.

Com auxílio da seringa hipodérmica, colocamos água dentro do tubo em U.

PRÁTICA 25

As duas colunas líquidas devem estar na mesma altura.

Depois, montamos a cápsula manométrica com o balão de festa. Então, acoplamos um tubo de látex na cápsula e no tubo em U.

Observamos os níveis da água nos dois ramos do tubo em U, fazendo os ajustes necessários para que estejam à mesma altura.

Fazemos uma pequena pressão com o dedo na membrana da cápsula manométrica. Pedimos aos alunos para que observem o efeito causado nos níveis de água nos ramos do tubo em U.

Colocamos cerca de 700mL de água na proveta graduada e nela mergulhamos a cápsula manométrica lentamente.

Além da teoria

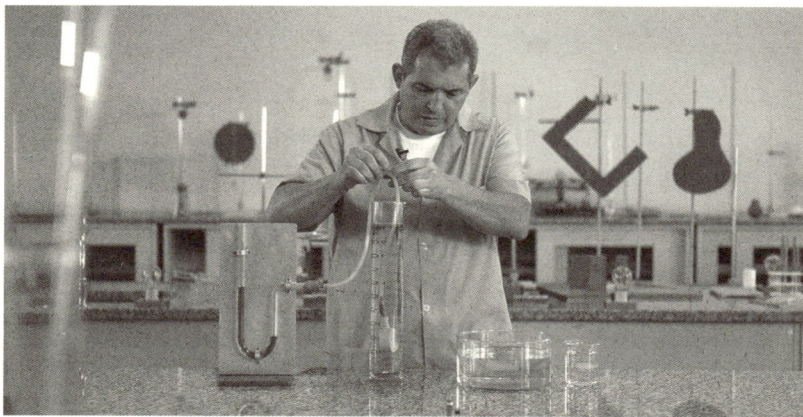

— Verifiquem com atenção o que acontece à medida que vocês mergulham a cápsula manométrica na proveta.

— *Os níveis da água se alteram.*

— Em qual região da massa líquida, a cápsula manométrica recebeu maior pressão?

— *No fundo da proveta.*

Confirmamos que a altura da coluna do líquido é responsável pela maior ou menor pressão.

Em seguida, apresentamos um novo problema.

— Duas pessoas, que não sabem nadar, pulam em duas piscinas de diferentes tamanhos. As piscinas têm as seguintes dimensões:

- 1ª piscina: largura de 4m, comprimento de 3m e altura de 2m.
- 2ª piscina: largura de 2m, comprimento de 1,5m e altura de 2m.

As pessoas teriam mais facilidade para se afogar em qual das duas piscinas?

Respondem sem pensar:

— *Na piscina maior.*

— Vocês têm certeza? Vamos conferir.

Colocamos água em um béquer e em um cristalizador, na mesma altura. Mergulhamos a cápsula manométrica até o fundo do cristalizador e, em seguida, no béquer. Comparamos os níveis manométricos no tubo em U, ao mergulharmos no cristalizador e depois no béquer.

Verificamos, então, nessa prática, que a altura da coluna líquida interfere na pressão exercida pelo líquido.

Um aluno conclui:

— *Nesse caso, a possibilidade de as pessoas se afogarem nas piscinas é a mesma, porque as profundidades das duas são iguais.*

Ressaltamos que a densidade dos líquidos poderia também influenciar, mas que esse fator não foi levado em conta na formulação do problema.

Um aluno lembra, então, que o Mar Morto é chamado assim devido à grande quantidade de sal nele existente, sendo portanto muito difícil, uma pessoa se afogar nesse mar.

Vamos, agora, realizar uma prática que mostra o *Princípio de Pascal*.

O objetivo é constatar o efeito que surge quando uma pressão é exercida sobre a massa líquida contida em um recipiente fechado.

Usamos o seguinte material:

- três hastes universais;
- dois fixadores;
- um funil;
- um béquer;
- uma lata;
- uma pera de borracha;
- três conexões de tubo de látex;
- três varas de vidro para recurvar;
- corante;
- cordonê.

PRÁTICA 26

Depois da montagem, colocamos corante na lata de água, para que possamos visualizar a prática com mais facilidade.

Os níveis de água nas três varetas devem ser iguais. Nesse momento, podemos fazer uma pausa para relembramos o princípio dos vasos comunicantes, mostrando como a água é distribuída nas cidades.

Voltamos à prática. Encaixamos a pera de borracha em um dos furos da tampa e tapamos o outro, com o dedo.

Pedimos para que os alunos observem o nível da água nas três varetas, enquanto fazemos pressão na pera.

Observamos que todas as varetas têm o mesmo nível de água. Concluímos, então, que o líquido transmite a pressão, a ele exercida, igualmente e em todas as direções.

11º tema – Máquinas simples

Este tema é de fundamental importância para os diversos tipos de profissionais que estamos ajudando a formar. Em mais de 70% das empresas industriais, faz-se necessário o uso de plano inclinado, talhas, moitão e similares, no transporte de cargas.

Começamos essa unidade lembrando que, desde as épocas mais remotas, o ser humano vem procurando realizar seus trabalhos de modo a evitar o emprego estafante da força muscular. Buscam-se comodidade e conforto.

Procurando facilitar a realização das tarefas de sobrevivência, o homem inventou ferramentas, instrumentos e máquinas. Além disso, domesticou animais, para que o substituíssem nas ações que exigem mais força bruta.

Mas o que são máquinas? Máquinas são dispositivos destinados a transmitir e multiplicar a ação de forças, de maneira conveniente.

O que caracteriza uma máquina simples é o fato de nela aparecerem duas forças atuantes:

- a força motriz (P), exercida por músculos ou motores;
- a força resistente (R), a que se opõe à realização do trabalho.

Na primeira prática da unidade "máquinas simples", o objetivo é verificar as condições de equilíbrio de uma alavanca.

Para realizar essa prática, precisamos de:

- um fixador;
- uma haste universal;

- uma alavanca universal;
- uma caixa com pesos;
- dois suportes de alumínio para pesos;
- uma régua.

PRÁTICA 27

Fizemos a montagem, mantendo o conjunto em equilíbrio. A força R vale 2N e encontra-se a 0,10m do eixo de rotação da alavanca. A força P, por sua vez, vale 1N e encontra-se a 0,20m do eixo de rotação.

Repetimos o equilíbrio da alavanca com o uso de outras forças e fizemos as anotações necessárias.

A partir da observação atenta da prática, um dos alunos conclui:

— *Que interessante: quanto maior a força, menor é a distância do eixo de rotação.*

Complementamos com o exemplo da maçaneta da porta, que se encontra do lado oposto do eixo, para facilitar a sua abertura. Peço que eles tentem abrir a porta perto do eixo.

— *Que porta pesada...*

Na prática seguinte, os objetivos são:

- identificar os fatores que modificam o valor da força que equilibra um corpo apoiado em um plano inclinado;
- determinar a vantagem mecânica.

Para sua execução, serão necessários:

- um fixador;
- uma haste universal;
- um peso cilíndrico com gancho (4N);

- uma roldana fixa com haste;
- uma tábua lisa com 0,50m de comprimento;
- uma tábua lisa com 0,30m de comprimento;
- uma caixa com pesos;
- cordonê.

Usando uma tábua de 0,50m de comprimento, montamos o plano inclinado. A altura do plano, em relação à superfície da mesa, é de 0,30m.

PRÁTICA 28

Pegamos um pedaço de cordonê e fazemos um pequeno laço em cada extremidade. Prendemos uma das extremidades do cordonê no gancho do peso cilíndrico. O peso cilíndrico de 4N será considerado a carga R em todos os ensaios.

Usando os pesos existentes na caixa, procuramos determinar a força P, de tal modo que a carga R sobre o plano inclinado fique equilibrada.

A determinação da força também é calculada analiticamente, para que os resultados sejam comparados.

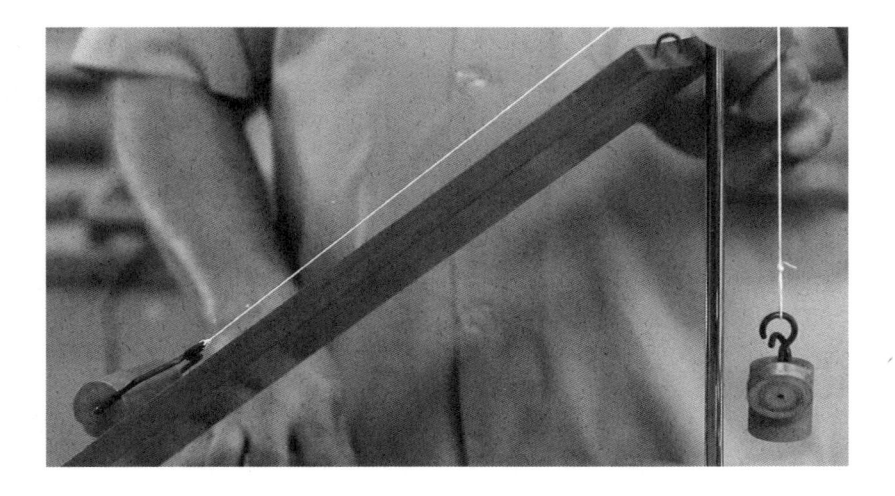

Mas, com certeza, podemos afirmar que as práticas feitas com roldanas, que explicam o uso das rodas em mecanismos, são as que os alunos mais gostam de realizar e também as que mais veem em suas empresas.

Para iniciar, pedimos que os alunos imaginem como seria o mundo sem rodas.

— *Não teríamos os carros.*
— Só os carros? E os relógios?
— *Realmente fica difícil imaginar o mundo sem rodas, engrenagens, polias...*
— Alguém daqui sabe o que é um sarilho?
— *Na casa da minha avó tem um poço e tiramos água usando sarilho...*
— Para puxar um balde de água do poço, no que o sarilho ajuda?
— *Acho que diminui a força que tenho que fazer.*
— Vamos fazer uma prática, para entender como funciona o sarilho.

Iniciamos, então, uma prática com o objetivo de identificar roldanas fixas e móveis e sua vantagem mecânica.

Serão necessários:

- um fixador;
- uma haste universal;
- uma roldana com haste;
- duas roldanas com gancho;
- uma chapa de aglomerado;
- uma haste auxiliar;
- uma caixa com pesos;
- cordonê.

Usando pesos de igual intensidade, fazemos a montagem do sistema.

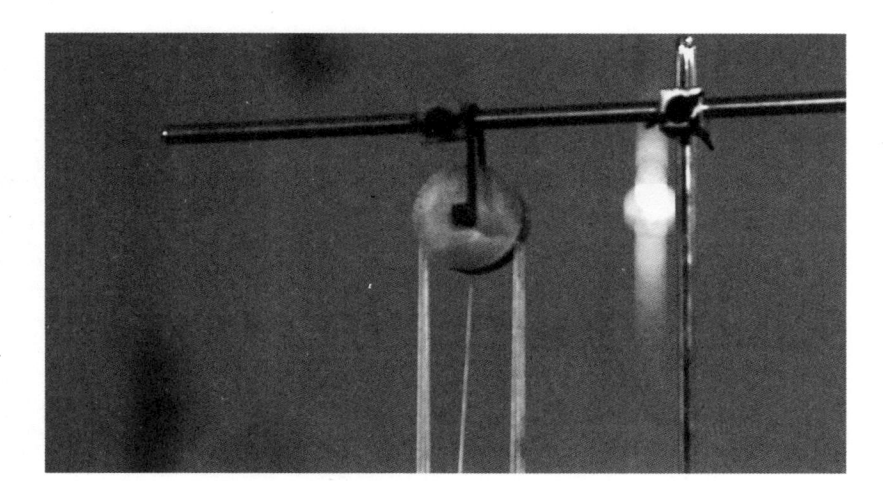

PRÁTICA 29

Um dos pesos do sistema será a força R e o outro, a força P. Os alunos verificam que a força resistente (R) é igual à força potente (P).

— Quem pode me dizer agora qual é o papel do sarilho?

— *Neste caso, não existe economia de força. Mas o sarilho nos ajuda muito na execução de trabalhos. Por exemplo, ajuda a levantar uma carga não muito pesada, dando-nos maior comodidade.*

— Na construção civil, utiliza-se bastante esse recurso. Mesmo sem economizar força, as roldanas fixas são usadas para elevar pequenas cargas com comodidade e segurança. Possibilitam, também, a mudança de direção e sentido das forças aplicadas.

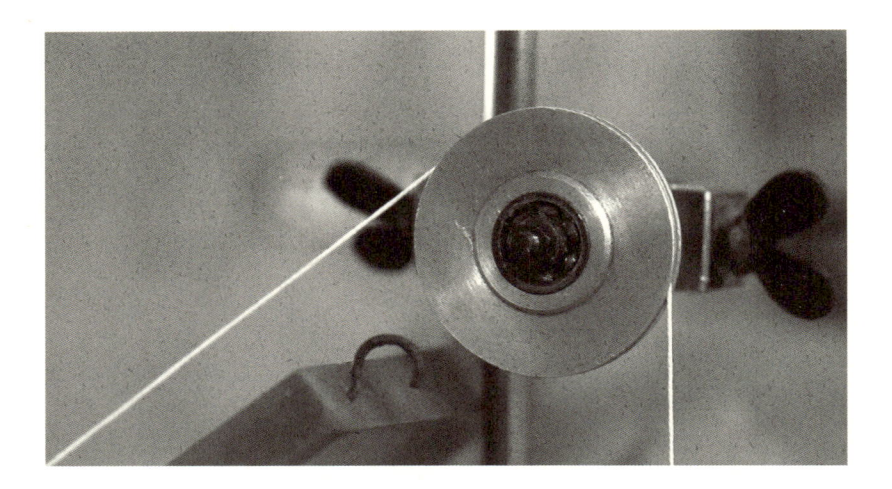

Podemos melhorar a nossa prática. Quando começamos a associar roldanas, notamos que vamos economizar força.

As roldanas fixas e móveis, quando combinadas, dão origem aos mais engenhosos aparelhos, tais como moitão, cadernal, talha exponencial, talha diferencial etc.

O moitão é um sistema constituído pela associação de uma roldana fixa com uma roldana móvel.

Fazemos a montagem equilibrando o sistema, para que o peso da roldana com o gancho não interfira no resultado.

Os alunos já sabem, agora, que o sistema de roldanas economiza força.

— Hoje, vocês vão montar um sistema de forças e terão como força potente 1N. Fica à escolha do grupo qual sistema será montado.

O desafio estava lançado. Queríamos verificar qual grupo conseguiria uma força resistente maior, com uma força potente de 1N.

Em muitas empresas, nas quais os alunos trabalham, há um sistema de roldanas, que é usado para transportar cargas, associado a pontes rolantes. Por essa razão, o assunto é muito importante e traz, para eles, um conhecimento que desvenda, diante dos próprios olhos, o que antes era visto, mas desconhecido: a *vantagem mecânica*.

Eles já tinham adquirido o conhecimento teórico.

Roldana fixa:

$$P = R$$

Roldana móvel:

$$P = \frac{R}{2}$$

Moitão é a combinação de uma roldana fixa e uma roldana móvel. *Cadernal* é uma associação de *moitões*.

Para o cadernal, é válida a seguinte relação matemática:

$$P = \frac{R}{2 \times m}$$

onde m = número de roldanas móveis.

A *talha diferencial* é constituída por duas roldanas fixas, solidárias, porém de diâmetros diferentes. Uma terceira roldana (móvel) é responsável pela elevação da carga e encontra-se ligada às outras roldanas por uma corrente, que não possui extremidade livre.

Para a talha diferencial é válida a seguinte relação entre P e R:

$$P = \frac{R\,(a-b)}{2a}$$

onde:
a = raio da roldana fixa maior;
b = raio da roldana fixa menor.

Talha exponencial: a combinação de uma roldana fixa e n roldanas móveis.

PRÁTICA 30

Para a talha exponencial é válida a seguinte relação matemática entre P e R:

$$P = \frac{R}{2^n}$$

onde n = número de roldanas móveis.

Em relação ao desafio anteriormente lançado, os grupos estudaram qual dos sistemas eles iriam montar para economizar mais força. Um dos grupos usou uma força resistente de 8N e conseguiu levantar esta carga com a força potente de 1N, conforme o estabelecido.

Todos os alunos da sala aplaudiram o grupo.

12º tema – Química – Átomos

– Puxa! Não gosto de química.

Ouvimos aquilo como se fosse um desafio. Como fazê-los gostar da matéria que iríamos iniciar?

> *Quando os alunos estão envolvidos, as aulas se tornam mais agradáveis e os problemas com indisciplina passam a ser controlados por eles mesmos, que chamam a atenção de seus colegas para participarem da aula.*

O jovem é imediatista, isto é, tudo tem que ser utilizado agora. Acredito que eles estavam se perguntando: por que tenho que estudar química?

Foi quando tivemos a ideia de pedir que, na nossa primeira aula de química, eles trouxessem uma embalagem de qualquer produto que tivessem em casa.

Quando entramos na sala, observamos vários tipos de embalagem sendo tirados da mochila.

— *Professora, o que eu faço com a embalagem?*
— Por enquanto, nada.

Precisava primeiro dar uma introdução do nosso novo conteúdo.

Viajamos na história e falamos sobre os alquimistas, que se encontravam às escondidas para procurar o elixir da juventude e a pedra filosofal. Nessa procura, acabaram descobrindo muitos dos elementos químicos que estão relacionados na tabela periódica.

— Agora sim, vamos pegar as embalagens que vocês trouxeram.

Parecia que o ânimo já era outro. Os alunos se movimentam para pegar suas embalagens.

— Vocês irão procurar na embalagem a composição do produto e anotar o que acharam.

De grupo em grupo, íamos verificando o que eles estavam anotando. Foram relacionados: sódio, flúor, cálcio, hidrogênio, fósforo, hidróxido de sódio, ácido cítrico, dióxido de titânio e muitos outros. Foi o bastante para que os alunos verificassem que a química é parte integrante de nossas vidas e não temos como optar por conhecê-la ou não.

Anteriormente, quando falamos de tratamento térmico, muitos alunos se referiram ao trabalho realizado nas empresas. Voltamos ao assunto:

— Os tratamentos térmicos podem ser *termofísicos* ou *termoquímicos*. Neste último caso, os materiais recebem camadas de boro, nitrogênio, carbono.

Mais uma vez, temos a química envolvida em nossas vidas.

Na aula seguinte, teremos a nossa primeira prática de química.
As perguntas dos alunos revelam sua percepção dessa área:

— *Vamos misturar ácidos? Vai sair fumaça? Vamos misturar coisas para explodir?*

E, por mais engraçado que isso pareça, é o que passa na cabeça da maioria dos alunos, quando falamos em práticas de química.
Nossa primeira prática de química terá, como objeto, *os átomos*.

— *Professora, qual é o tamanho de um átomo?*
— O átomo é uma estrutura infinitamente pequena.
— *Queria comparar com uma coisa que eu conhecesse, que eu tenha já visto.*
— Imaginem um fio de cabelo. Coloquem a mão na cabeça e percebam o diâmetro de um fio de cabelo.
— É bem fino.
— Então, vamos imaginar. Na minha mão direita, tenho um fio de cabelo e na esquerda, um átomo.
— *Certo.*
— Vamos aumentando o fio de cabelo e o átomo, na mesma proporção... Pronto. Olhem o átomo, que está do tamanho de uma bolinha de tênis de mesa. Vocês estão vendo?

Eles dão risada e confirmam:

— *Claro. Vi o átomo! E o fio de cabelo, com que tamanho está?*

— Como foi aumentado na mesma proporção, agora o seu diâmetro está do tamanho do Estádio do Maracanã!

— Minha nossa! Olha que tamanho vai ter essa cabeça para segurar todos esses cabelos!

Assim, a ideia da infinita pequenez do átomo foi esclarecida.

Agora, podemos iniciar a prática, que tem por objetivo a identificação de átomos. Para sua realização, são necessários:

- um bico de Bunsen ou similar;
- sete vidros de relógio;
- um pedaço de fio níquel-cromo (± 10cm);
- um béquer de 50mL;
- um frasco contendo cloreto de lítio (LiCl) sólido;
- um frasco contendo cloreto de potássio (KCl) sólido;
- um frasco contendo cloreto de sódio (NaCl) sólido;
- um frasco contendo cloreto de bário ($BaCl_2$) sólido;
- um frasco contendo cloreto de cálcio ($CaCl_2$) sólido;
- um frasco contendo cloreto de estrôncio ($SrCl_2$) sólido;
- um frasco contendo cloreto de cobre II ($CuCl_2$) sólido;
- uma flanela para limpeza ou papel toalha;
- um frasco contendo ácido clorídrico diluído;
- uma pipeta de 30mL graduada;
- uma espátula ou colher;
- fósforos de segurança.

Colocamos as substâncias, relacionadas a seguir, separadamente, em cada vidro de relógio e no béquer 5mL de ácido clorídrico concentrado.

Substâncias	Coloração da chama
LiCl – cloreto de lítio	
KCl – cloreto de potássio	
NaCl – cloreto de sódio	
$BaCl_2$ – cloreto de bário	
$CaCl_2$ – cloreto de cálcio	
$SrCl_2$ – cloreto de estrôncio	
$CuCl_2$ – cloreto de cobre II	

A extremidade do fio de níquel-cromo é umedecida no ácido clorídrico diluído e, a seguir, colocada no vidro de relógio que contém o cloreto de lítio sólido, para que uma porção desta substância fique aderida na extremidade umedecida.

PRÁTICA 31

Em seguida, colocamos a extremidade do fio de níquel-cromo (com a porção de cloreto de lítio) na chama do bico de Bunsen ou similar.

Pedimos aos alunos que observem a cor da chama e escrevam, no campo apropriado da tabela, a cor que viram.

Esse procedimento é repetido com as outras substâncias. A cada vez que a substância é levada à chama do bico de Bunsen, uma nova cor fica visível.

— Ao que se deve a obtenção das diferentes cores?
— *Aos átomos dos metais.*
— Não são devidas ao cloreto de lítio, ao cloreto de potássio?
— *Não, professora. Se fosse do cloreto, as cores seriam iguais, porque o que levamos à chama do bico de Bunsen foi cloreto de sódio, cloreto de lítio etc. Então, as cores são associadas aos átomos dos metais: lítio, potássio, sódio, bário, estrôncio, cobre.*

Na nossa próxima prática, sobre decomposição da água, o objetivo é verificar que uma substância composta é formada por substâncias simples.

Na prática, usamos:

- um béquer;
- dois tubos de ensaio;
- dois eletrodos;

- um interruptor;
- dois fios de ligação;
- uma extensão com plugue;
- um sarrafinho de madeira;
- solução de hidróxido de sódio;
- água;
- fósforos de segurança.

PRÁTICA 32

Fazemos a montagem, sob o olhar atento dos alunos. Fechamos o circuito e uma corrente elétrica passa pela água, dentro do tubo de ensaio.

Logo, os alunos advertem:

— *Estão se formando bolhas! Vai explodir...*

Explicamos que a formação de bolhas se deve à formação de gases. Pedimos que eles prestem atenção ao volume de água nos dois tubos de ensaio.

— *Um tubo ficou com água pela metade e outro esvaziou.*

Desligamos o circuito. Tiramos o tubo vazio, mantendo-o sempre de boca para baixo, e o colocamos num suporte para tubos. Colocamos um novo tubo de ensaio, cheio de água, no terminal vazio e mantemos o outro tubo de ensaio, que estava com água pela metade. Agora, religamos o circuito.

— *Por que a senhora colocou outro tubo cheio de água de novo?*
— Vamos verificar.

Mais uma vez houve formação de bolhas e os dois tubos começaram a se esvaziar.

Fechamos o circuito e retiramos os dois tubos de ensaio. O segundo tubo, assim como da primeira vez, foi tirado de boca para baixo e colocado no suporte com o que lá estava. O outro tubo foi tirado do béquer, mas tampamos a sua boca e o conservamos de boca para cima.

— Quem me responde: por que de um lado usamos um tubo de ensaio e do outro, dois tubos?

— É fácil! Estamos fazendo a separação da molécula da água. De um lado, temos o hidrogênio, que é duas vezes mais que o oxigênio, que está do outro lado.

— Muito bem. A proporção é de dois tubos para um. Como a fórmula da água é H_2O, temos duas partes de hidrogênio para uma parte de oxigênio. Logo, os dois tubos, que colocamos virados para baixo, são de gás hidrogênio. Eles foram colocados dessa maneira pelo fato de o hidrogênio ser um gás muito leve e, dessa forma, ficar retido no tubo.

— *Já o gás oxigênio é pesado. Temos, então, que colocar o tubo de boca para cima.*

— Agora, para provar que é mesmo hidrogênio que está nos dois tubos de boca para baixo e que o oxigênio está no tubo de boca para cima, o que podemos fazer?

— *Sem o oxigênio não existe queima.*

— Ótimo! Então, vamos pegar um sarrafinho de madeira com a ponta em brasa e colocar na boca do tubo de ensaio. O que vocês acham que vai acontecer?

— *Vai pegar fogo...*

— Não, apenas a chama da ponta do sarrafinho em brasa vai se reavivar, porque o oxigênio alimenta a queima.

E se eu colocar o mesmo sarrafinho em brasa na boca do tubo de ensaio com a boca virada para baixo, que contém hidrogênio?

Pegamos um dos tubos que estava com a boca virada para baixo e colocamos o sarrafinho de madeira com chama na boca do tubo, sem virá-lo para cima. Percebemos uma pequena explosão. Explicamos que o hidrogênio é um gás explosivo quando confinado. Concluímos:

— A água é formada por dois gases: um explosivo e outro que aviva a chama. Combinados, formam um líquido que não explode e muito menos aviva chamas. Pelo contrário, é usado para apagar chamas.
Portanto, a água é uma substância composta, formada por duas substâncias simples.

13º tema — Funções inorgânicas

Vamos agora estudar ácidos, bases, sais e óxidos.
Os alunos se interessam bastante, pois ácidos e bases são muito usados nas indústrias de diversos segmentos, na fabricação de produtos — tais como fertilizantes agrícolas, baterias de automóveis, plásticos, tintas, vernizes — e, até mesmo, na limpeza geral das empresas.
As bases são empregadas na fabricação de sabões, de papel, de óleos vegetais, animais e minerais e, também, na fabricação de vidros.
Iniciamos nossa aula com três béqueres em cima da mesa, todos com uma solução, incolor e transparente. Vamos fazer uma prática para identificação de ácidos e bases.
Os objetivos dessa prática são:

- identificar substâncias ácidas e básicas por meio de indicadores;
- verificar o comportamento de ácidos e bases frente à corrente elétrica;
- verificar duas propriedades do ácido sulfúrico.

Para sua realização, são necessários:

- quatro vidros de relógio;
- quatro béqueres de 50mL;

- sete pipetas ou conta-gotas;
- quatro baquetas de vidro;
- ácido clorídrico p.a.;
- hidróxido de sódio em solução;
- hidróxido de amônio em solução;
- ácido nítrico p.a,;
- solução de metilorange;
- solução de azul de bromotimol;
- solução de fenolftaleína;
- papel tornassol azul;
- papel tornassol vermelho;
- vinagre;
- limão;
- água sanitária;
- sabão ou sabonete em pedra;
- papel indicador universal.

PRÁTICA 33 — PROCEDIMENTOS

1) Numere os béqueres.

2) Coloque ± 30mL de água destilada em cada béquer.

3) Pingue:

- cinco gotas de ácido clorídrico no béquer 1;
- cinco gotas de ácido nítrico no béquer 2;
- cinco gotas de solução de hidróxido de amônio no béquer 3;
- cinco gotas de solução de hidróxido de sódio no béquer 4.

4) Agite as soluções de cada béquer, usando uma baqueta de vidro para cada solução.

5) Usando papel de tornassol azul, papel de tornassol vermelho e o papel indicador universal, teste as soluções contidas em cada béquer. Observe as cores assumidas em cada indicador e anote-as na tabela a seguir.

Indicador	HCl	HNO$_3$	NH$_4$OH	NaOH
Tornassol azul				
Tornassol vermelho				
Indicador universal				

6) Pingue:

- cinco gotas de suco de limão no vidro de relógio 1;
- cinco gotas de vinagre no vidro de relógio 2;
- cinco gotas de água sanitária no vidro de relógio 3;
- cinco gotas de sabão ou sabonete, previamente diluído com água, no vidro de relógio 4.

7) Teste as substâncias, contidas em cada vidro de relógio, usando papel tornassol azul e vermelho e o papel indicador universal. Observe as cores e preencha a tabela a seguir.

Indicador	SUCO DE LIMÃO	VINAGRE	ÁGUA SANITÁRIA	SABÃO
Tornassol azul				
Tornassol vermelho				
Indicador universal				

8) Pingue uma gota de solução de fenolftaleína nas soluções contidas em cada béquer e em cada vidro de relógio. Observe as cores e preencha a tabela a seguir.

Indicador	HCl	HNO_3	NH_4OH	NaOH	suco de limão	vinagre	água sanitária	sabão
Fenolftaleína								

9) Descarte as soluções contidas nos béqueres e nos vidros de relógio e lave bem todos os recipientes.

10) Repita os itens 2,3 e 4 para preparar os béqueres e repita o item 6 para preparar os vidros de relógio.

11) Pingue uma gota de solução de metilorange nas soluções contidas em cada béquer e em cada vidro de relógio. Observe as cores e preencha a tabela a seguir.

Indicador	HCl	HNO_3	NH_4OH	NaOH	suco de limão	vinagre	água sanitária	sabão
Metilorange								

12) Descarte as soluções contidas nos béqueres e nos vidros de relógio e lave bem todos os recipientes.

13) Repita os itens 2, 3 e 4 para preparar os béqueres e o item 6 para preparar os vidros de relógio.

14) Pingue uma gota de solução de azul de bromotimol nas soluções contidas em cada béquer e em cada vidro de relógio. Observe as cores e preencha a tabela a seguir.

Indicador	HCl	HNO$_3$	NH$_4$OH	NaOH	suco de limão	vinagre	água sanitária	sabão
Azul de bromotimol								

15) Agora, vamos colocar um termômetro dentro de um béquer, com ± 150mL de água. Anote, no campo a seguir, o valor da temperatura da água.

temperatura da água: _____ °C

16) A seguir, o professor vai adicionar, lentamente, ácido sulfúrico na água contida no béquer. Observe o termômetro e verifique:

- O ácido sulfúrico libera ou absorve calor?
  _____

- Essa dissociação é exotérmica ou endotérmica?
  _____

17) A seguir, vamos pingar algumas gotas de ácido sulfúrico em um pedaço de papel e algumas gotas em um pedaço de tecido (pano). Observe as ocorrências.

Os grupos trabalham em suas bancadas. Ao final da aula, pedi a atenção de todos.

— Vocês esqueceram os béqueres que estão sobre a minha mesa? Vamos verificar o que há neles?

— Vou utilizar o papel de tornassol e o papel indicador universal, que é amarelo.

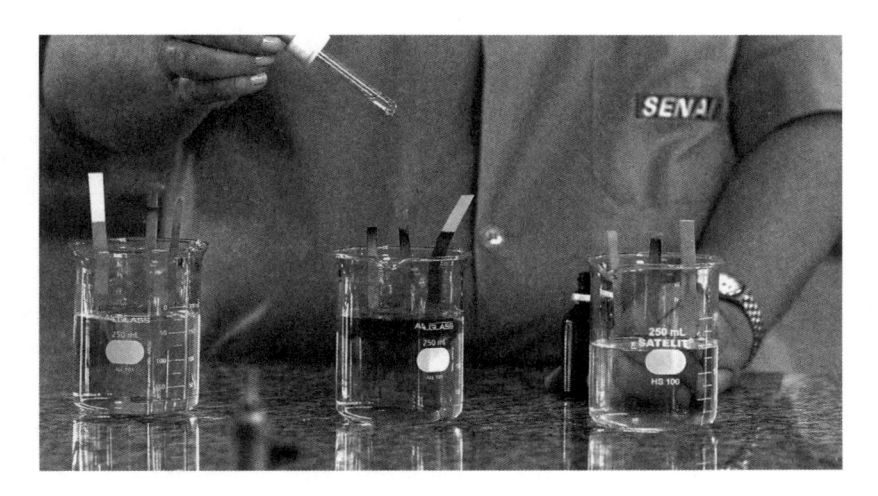

Primeiro béquer: o papel de tornassol azul ficou vermelho
　　　　　　　　　　o papel de tornassol vermelho ficou vermelho
　　　　　　　　　　o papel indicador universal ficou vermelho
Segundo béquer: o papel de tornassol azul ficou azul
　　　　　　　　　　o papel de tornassol vermelho ficou azul
　　　　　　　　　　o papel indicador universal ficou azul
Terceiro béquer:　 o papel de tornassol azul ficou azul
　　　　　　　　　　o papel de tornassol vermelho ficou vermelho
　　　　　　　　　　o papel indicador universal ficou amarelo

— Então a qual conclusão vocês chegaram?
— *Pelas cores encontradas: o 1º béquer é um ácido; o 2º béquer é base; o 3º béquer é água.*
— Vamos continuar? Vou confirmar o resultado de vocês.

Peguei uma solução de fenolftaleína e coloquei algumas gotas em cada béquer:

- no 1º béquer, ficou a mesma cor, ou seja, incolor;
- no 2º béquer ficou violeta;
- no 3º béquer também ficou incolor.

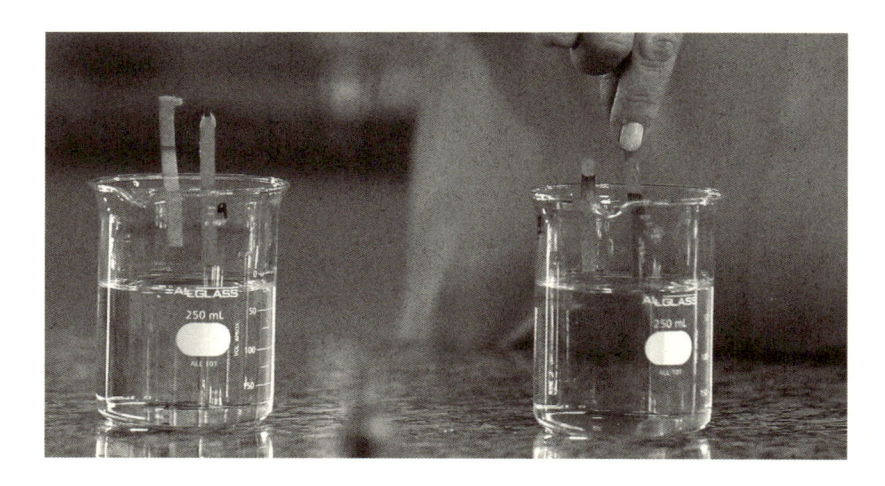

Em seguida, despejamos o líquido violeta (base) no 1º béquer (ácido). A cor violeta, ao entrar em contato com o ácido, voltava a ficar incolor.

— *Nossa, parece mágica.*

Esclarecemos que uma mistura de base e ácido resulta em sal + água:

$$NaOH + HCl \rightarrow NaCl + H_2O$$ – Hidróxido de sódio + ácido clorídrico = sal + água.

Então, o que tínhamos na mão agora era um béquer com água salgada.
Explicamos que um ácido misturado com uma base, nas proporções corretas, vão reagir dando como resultado uma solução de água com sal. Chamamos essa solução de *reação de salificação* ou *neutralização*.

14º tema – Classificação das reações químicas

O objetivo da prática é identificar *reação química de simples troca* e equacioná-la.
São necessários para sua realização:

- um béquer;
- um pedaço de cordonê;
- um prego de aço não oxidado;
- solução de sulfato de cobre.

Em cada bancada, entregamos um prego, um pedaço de cordonê e um béquer com aproximadamente 150mL de sulfato de cobre.
A seguir, orientamos os grupos.

- 1º passo – Vocês vão amarrar o cordonê na cabeça do prego.
- 2º passo – Agora mergulhem o prego, suspenso pelo barbante, na solução de sulfato de cobre, por 3 minutos.

- 3º passo – Após os 3 minutos, retirem o prego e observem o que aconteceu.

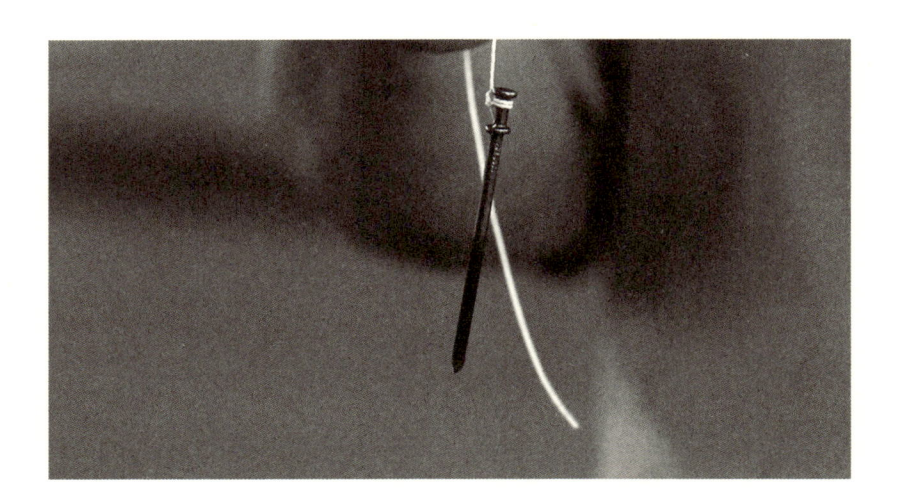

PRÁTICA 34

— *Professora! O prego enferrujou.*
 — *Será que é ferrugem?*

Eles observam, observam, até que um grupo fala:

— *Não professora é cobre. Veja como o prego está meio dourado.*

Equacionando a reação temos:

$$Fe + CuSO_4 \rightarrow FeSO_4 + Cu$$

Vamos, agora, realizar a prática com objetivo de identificar reação química de análise e equacioná-la.
Para realizá-la, usamos:

- uma haste universal;
- uma pinça mufa;
- um fixador (opcional);
- um bico de Bunsen;
- três tubos de ensaio;
- uma colher;
- uma estante para tubos de ensaio;
- um sarrafinho de madeira;
- permanganato de potássio;
- fósforos de segurança;
- água.

PRÁTICA 35

Colocamos, no tubo de ensaio, meia colherinha de permanganato de potássio. A seguir, acendemos o bico de Bunsen, regulamos sua chama e aquecemos o tubo de ensaio, com o permanganato de potássio.

Pegamos o sarrafinho de madeira e aproximamos uma de suas extremidades na chama do bico de Bunsen, para obter uma brasa.

Introduzimos o sarrafinho de madeira, com uma das extremidades em brasa, no tubo de ensaio e observamos o que vai ocorrer.

— *Professora, pegou fogo no sarrafinho de madeira.*

— Então vamos apagar o fogo do sarrafinho e, depois, introduzi-lo novamente dentro do tubo de ensaio.

— *Pegou fogo de novo.*

— Podemos concluir que o permanganto de potássio, ao ser aquecido, aviva a chama. Por que isso acontece?

— *Professora, acredito que o permanganato libera oxigênio. Já vimos que o oxigênio alimenta a queima.*

— É isso mesmo. Vamos apagar a chama do bico de Bunsen e pegar outro tubo de ensaio limpo e seco. Nele, colocamos água e, depois, uma pitada de permanganato de potássio normal. Depois, vamos colocar água no tubo de ensaio em que aquecemos o permanganato. Agora observem a cor. Que cor vocês obtiveram?

— *No tubo sem aquecimento, cor arroxeada. No tubo aquecido, cor esverdeada escura.*

Explicamos que, após a comparação das cores, podemos dizer que as substâncias existentes nos dois tubos são diferentes.

A substância que restou no tubo de ensaio, após o aquecimento, é constituída por uma mistura de manganato de potássio (K_2MnO_4) e dióxido de manganês (MnO_2). O manganato em água dá coloração esverdeada e o dióxido de manganês dá cor preta.

Equacionando a reação:

$$2\ KMnO_4 \rightarrow K_2MnO_4 + MnO_2 + O_2.$$

Na aula seguinte, vamos fazer uma prática de reação de síntese. Seu objetivo é identificar uma reação química de síntese e equacioná-la

Vamos usar:

- um ímã;
- um gral de porcelana com pistilo;
- uma colher de café ou espátula;
- quatro gramas de enxofre em pó;
- sete gramas de ferro reduzido pelo hidrogênio;
- um tijolo ou ladrilho refratário;
- um bico de Bunsen ou minimaçarico.

Colocamos o enxofre e o ferro no gral de porcelana e mexemos bem, apertando com o pistilo.

— Observem e respondam: o ferro e o enxofre reagiram ou se misturaram?

— *Eles se misturaram. Não vi reação.*

— Quando os componentes só se misturam, eles podem ser separados. Então, vamos separar.

Os alunos se entreolham. Mas quando peguei o ímã, um deles já fala:

— É só colocar o ímã que o ferro adere.

— Mas se eu colocar o ímã no ferro, como vocês disseram, o ferro vai aderir ao ímã. Como faço para tirar o ferro do ímã para continuarmos a prática?

Sob o olhar atento dos alunos, peguei um tubo de ensaio, coloquei o ímã dentro dele e o passei pela mistura de enxofre e ferro. Como previsto, o ferro aderiu ao ímã e o enxofre ficou no gral de porcelana. Então, tirei o ímã do tubo de ensaio e o ferro soltou dele e voltou para o gral.

Novamente, pegamos a mistura e, com a ajuda do pistilo, mexemos bem e colocamos a mistura sobre o tijolo refratário, como um rastilho.

Além da teoria

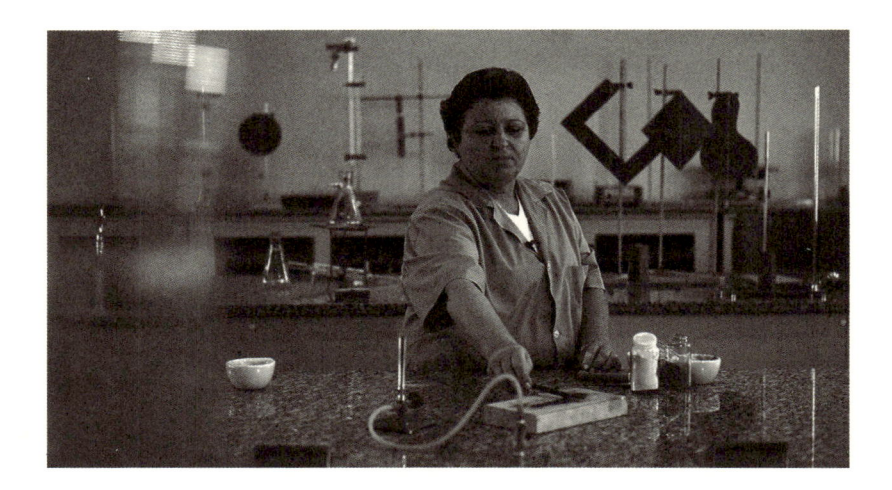

Os alunos estavam tão envolvidos que o silêncio era geral na sala. Acredito que se perguntavam: o que vai acontecer agora?

Peguei o bico de Bunsen e ateei fogo ao rastilho, que lentamente foi se espalhando e deixando para trás uma substância preta e dura, bem diferente daquela que misturamos. Passamos o ímã sobre a substância e, desta vez, o ferro não aderiu ao ímã.

PRÁTICA 36

Vamos equacionar a reação:

$$Fe + S \xrightarrow{\Delta} FeS$$

— Por que a reação ocorrida é de síntese?
— *Professora, porque o ferro reagiu com o enxofre e se uniram dando... o que?*
— Sulfeto de ferro, que é uma substância composta.

Na aula seguinte, iniciamos a *prática 37*. Seu objetivo é identificar a reação química de dupla troca e equacioná-la.

PRÁTICA 37

Para realizar a prática, precisamos de:

- um suporte para tubos de ensaio;
- um tubo de ensaio;
- solução de cloreto de zinco;
- solução de hidróxido de sódio.

Para realizar esta prática, os procedimentos são:

1. Coloque cerca de 2mL de solução de cloreto de zinco dentro do tubo de ensaio. Deixe-o no suporte.
2. Verifique qual é o aspecto e a cor da solução colocada no tubo de ensaio.
3. Observe a solução de hidróxido de sódio, sua cor e aspecto.
4. Adicione 5 gotas de hidróxido de sódio à solução de cloreto de zinco. Observe.

— Primeiro gostaria de saber qual o aspecto e a cor da solução de cloreto de zinco?
— *A solução é líquida, incolor e transparente.*
— E qual o aspecto e a cor da solução de hidróxido de sódio.
— *Também é líquida, incolor e transparente.*
— Então, temos duas soluções líquidas, incolores e transparentes. Certo?

Vocês irão adicionar cinco gotas de hidróxido de sódio na solução de cloreto de zinco.

O que aconteceu?
— *Nossa! Virou uma substância esbranquiçada e gelatinosa.*

Vamos equacionar a reação de dupla troca:

$$ZnCl_2 + 2\,NaOH \rightarrow 2\,NaCl + Zn(OH)_2$$

— Qual é a fórmula química da substância gelatinosa?
— *Se um dos produtos é o cloreto de sódio, que é o sal de cozinha, então a substância gelatinosa só pode ser o hidróxido de zinco.*

Os assuntos vão se tornando mais complexos, mas continuam interessantes. À medida que a complexidade aumenta, aproxima-se, cada dia mais, da área profissional de muitos dos alunos.

Os objetivos – de cada aula e de cada prática – devem estar muito claros para o professor, para que ele possa se autoavaliar.

Os alunos, também, devem estar cientes desses objetivos, o que facilitará chegar às conclusões e às decisões que deverão ser tomadas durante sua carreira profissional.

PRÁTICA 38

A *prática 38* tem por objetivo verificar a reatividade química de alguns metais em solução salina. Para realizá-la, são necessários:

- cinco béqueres;
- uma lâmina de zinco (±120 × 20 × 1mm);
- uma lâmina de cobre (±120 × 20 × 1mm);
- uma lâmina de ferro (±120 × 20 × 1mm);
- uma lâmina de alumínio (±120 × 20 × 1mm);
- uma lâmina de chumbo (±120 × 20 × 1mm);
- um saponáceo;
- uma lixa de água;
- um esfregão;
- solução de sulfato de cobre.

Preparamos os béqueres, numerados de 1 a 5, com solução de sulfato de cobre.

Lixamos uma das extremidades de cada lâmina metálica e passamos o saponáceo seco, para que a superfície fique bem limpa e livre de qualquer resíduo.

Em seguida, lavamos as lâminas e secamos todas com pano.

Colocamos as lâminas nos béqueres na seguinte ordem:

- béquer 1: lâmina de cobre;
- béquer 2: lâmina de zinco;

- béquer 3: lâmina de ferro;
- béquer 4: lâmina de alumínio;
- béquer 5: lâmina de chumbo.

Aguardamos aproximadamente 5 minutos e, depois, examinamos cada lâmina.

Preenchemos a tabela a seguir escrevendo apenas R (reagiu) ou N (não reagiu).

	Cu	Zn	Fe	Al	Pb
$CuSO_4$ (sol.)					

Completamos corretamente as equações químicas nas reações verificadas:

a. $Cu + CuSO_4 \rightarrow$ Observamos que não houve reação
b. $Zn + CuSO_4 \rightarrow ZnSO_4 + Cu$
c. $Fe + CuSO_4 \rightarrow FeSO_4 + Cu$
d. $Al + CuSO_4 \rightarrow Al_2(SO_4)_3 + Cu$
e. $Pb + CuSO_4 \rightarrow PbSO_4 + Cu$

Com esta prática, os alunos podem verificar que alguns metais têm maior ou menor tendência para ceder elétrons do que outros.

Ainda, aprendem que existe uma fila de reatividade química dos metais, a qual eles passam a ter facilidade em consultar e interpretar.

Estudam, também, os conceitos de oxidação e redução.

Podemos fazer outra prática para esclarecermos mais as reações de oxidação e redução.

O objetivo da prática é obter um metal por redução de um de seus minérios.

Para a prática, são necessários:

- uma haste universal;
- uma pinça mufa;
- um tubo de ensaio;
- um bico de Bunsen;
- um sarrafinho de madeira (± 30 cm);
- um gral de porcelana;
- uma colher;
- um pistilo;
- carvão vegetal em pó;
- óxido de cobre II;
- fósforos de segurança.

Colocamos uma colher de chá de carvão em pó e duas colheres de óxido de cobre II no gral de porcelana. Com o auxílio do pistilo, misturamos bem o carvão em pó com o óxido de cobre II. Transferimos a mistura para um tubo de ensaio limpo e seco.

Fazemos a montagem e acendemos o bico de Bunsen.

PRÁTICA 39

A mistura, ao ser aquecida, começa a subir pelo tubo de ensaio. Com a ajuda do sarrafinho de madeira, bata levemente no tubo de ensaio, para impedir que a mistura saia.

Inflame a ponta do sarrafinho de madeira e introduza-o no tubo de ensaio. Repita esta operação para ter certeza do que ocorreu.

— O que aconteceu com a brasa que estava na ponta do sarrafinho de madeira?
— *Professora, desta vez apagou.*
— Por que desta vez?
— *Porque já fizemos algumas práticas em que a brasa foi avivada e agora apagou.*
— Por que a brasa do sarrafinho era avivada? Vocês se lembram?
— *Claro, a reação liberava oxigênio.*
— Então, desta vez, equacionando a reação, vocês poderão observar que foi liberada uma substância que apaga a chama.
— *Já sei o que é. É CO_2. Já vi num extintor de incêndio que ele apaga a chama.*

A solução, que foi aquecida no tubo de ensaio, será transferida para o gral de porcelana. Se pingarmos algumas gotas de ácido nítrico, iremos visualizar as pedrinhas de cobre, o metal que foi obtido durante a reação química.

Com o final desta prática, estamos encerrando as nossas aulas de química.

O fim de uma Unidade e o começo de outra, novo desafio a ser atingido, um novo interesse a ser despertado.

O conteúdo de elétrica a ser estudado tem por objetivo fornecer aos alunos uma noção geral de eletricidade, subsidiando-os com os conceitos básicos.

15º tema – Noções básicas de eletricidade

Nossa primeira prática tem por objetivo interpretar corretamente as expressões "circuito aberto" e "circuito fechado" e observar dois efeitos produzidos pela corrente elétrica.

São necessários:

- uma extensão com plugue;
- um interruptor;
- dois fios de ligação;
- uma lâmpada de 12V-15W;
- um receptáculo para lâmpada E-27;
- um resistor de 12Ω.

PRÁTICA 40

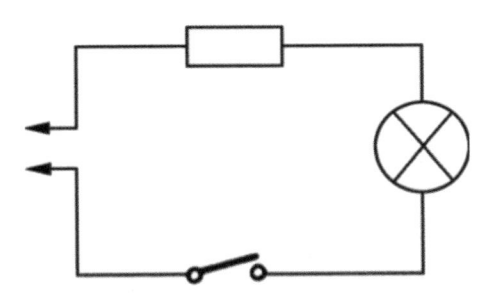

Novos nomes começam a aparecer no decorrer da montagem do circuito, de acordo com a classificação dos itens usados na montagem. Agora, fala-se em fonte, condutores, consumidores etc.

Pedimos aos alunos que abaixem a "faca" ou fechem o circuito e anotem as observações.

— *Professora, a lâmpada acendeu e a resistência aqueceu.*
— *Por que isso aconteceu?*
— *Porque houve a passagem da corrente elétrica pelo circuito.*
— *Muito bem. Agora vamos abrir o circuito.*

Pedimos aos alunos que indiquem, no esquema, com setas, o caminho seguido pela corrente elétrica.

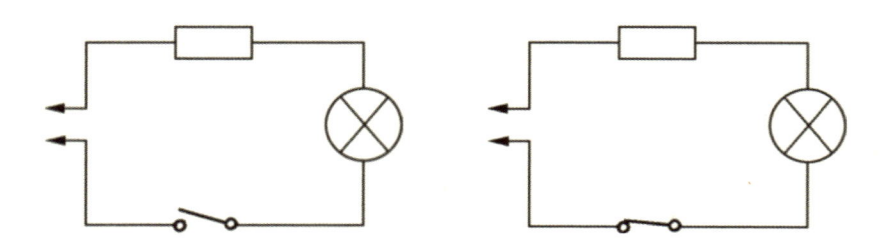

Com essa prática, fica bem claro o que é *circuito elétrico aberto* e o que é *circuito elétrico fechado*.

Nesta outra prática, mostraremos uma associação em série. Os objetivos são:

- verificar o comportamento da diferença de potencial e da corrente elétrica num circuito elétrico em série;
- o que ocorre quando um dos consumidores é eliminado do circuito.

Para a prática, são necessários:

- três lâmpadas de 12V, 15W ou 25W;
- três receptáculos para lâmpadas;
- um interruptor;
- um amperímetro de 0 a 3A;
- um voltímetro de 0 a 25V;
- uma extensão com plugue;
- cinco fios de ligação.

Fazemos, inicialmente, a montagem.

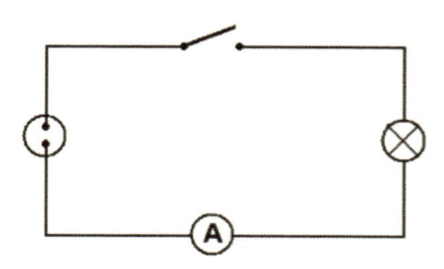

PRÁTICA 41

Em seguida, fechamos o circuito e anotamos o valor da corrente elétrica.

$$I = \underline{\hspace{2cm}} A$$

Abrimos o circuito e intercalamos uma segunda lâmpada em série com a primeira.

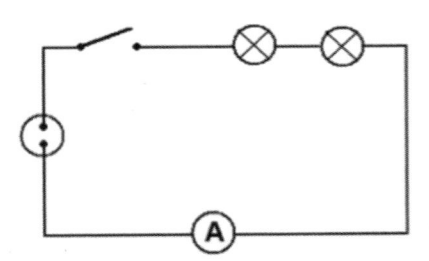

Fechamos o circuito e anotamos o valor da intensidade da corrente.

$$I = \underline{\hspace{2cm}} A$$

Abrimos novamente o circuito e intercalamos uma terceira lâmpada em série.

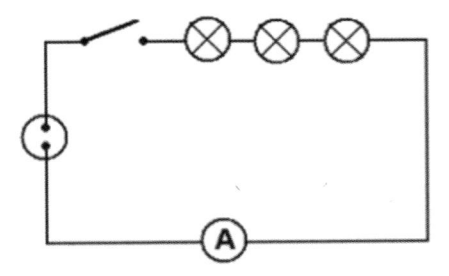

Fechamos o circuito e anotamos o valor da intensidade da corrente.

$$I = \underline{\qquad} \text{ A}$$

Então, notamos que, nos três casos, o valor encontrado é o mesmo.

Abrimos o circuito e ligamos um voltímetro nos terminais da primeira lâmpada (U_1).

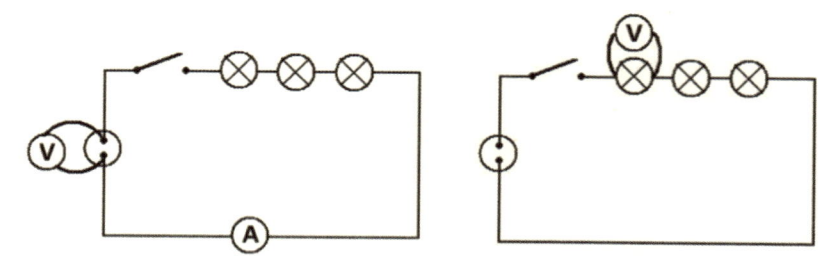

Fechamos o circuito e anotamos o valor da tensão elétrica ou diferença de potencial (ddp) na primeira lâmpada (U_1).

$$U_1 = \underline{\qquad} \text{ V}$$

Repetimos o procedimento ligando o voltímetro nos terminais da segunda e terceira lâmpadas e anotamos seus resultados.

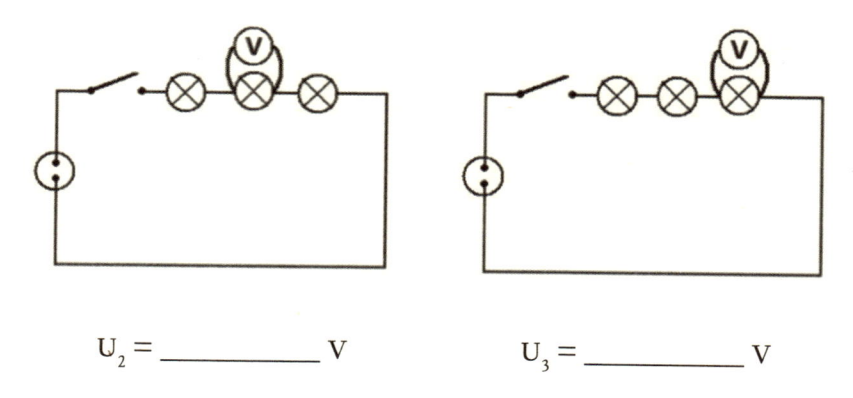

$$U_2 = \underline{\qquad} \text{ V} \qquad U_3 = \underline{\qquad} \text{ V}$$

Após este procedimento, abrimos o circuito e retiramos o voltímetro. Percebemos que o valor da ddp é igual nos três casos.

Montamos novamente o circuito, intercalando as três lâmpadas em série.

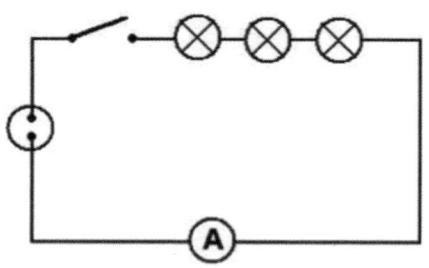

Soltamos uma lâmpada do receptáculo e verificamos que as outras também apagam. Quando a apertamos, todas voltam a funcionar.

Fazemos o mesmo processo, agora soltando as outras lâmpadas. Observamos o mesmo resultado.

Concluímos, com essa prática, que:

- num circuito em série, a ddp da fonte divide-se pelos consumidores;
- se eliminarmos um dos consumidores de um circuito elétrico em série, os demais consumidores deixam de funcionar, porque o circuito se abre;
- a intensidade de corrente elétrica total, que percorre um circuito elétrico em série, é a mesma para todos os consumidores. Matematicamente: $I_t = I_1 = I_2 = I_3 = ...$
- o valor da ddp total U_t, em um circuito elétrico em série, é igual à soma das ddp nos consumidores. Matematicamente: $U_t = U_1 + U_2 + U_3 + ...$

No final da aula, os alunos comentam que não sabiam que a corrente elétrica seria a mesma, para números de lâmpadas diferentes. Também ressaltam que o valor da tensão total, em um circuito elétrico em série, é igual à soma das tensões parciais.

Uma outra associação, que mostramos na prática, é a *associação em paralelo*.

Além da teoria

Os objetivos da prática são:

- verificar os comportamentos da ddp e da corrente elétrica num circuito elétrico em paralelo;
- verificar o que ocorre quando um dos consumidores é eliminado de um circuito elétrico em paralelo.

Para essa prática, são necessários:

- duas lâmpadas de 12V – 15W;
- dois receptáculos para lâmpadas;
- um interruptor;
- um voltímetro 0-25V;
- um amperímetro de 0-1A;
- um amperímetro de 0-3A;
- cinco fios de ligação.

Inicialmente, fazemos a montagem. O amperímetro, a ser ligado após a chave interruptora, é o de 0-3A.

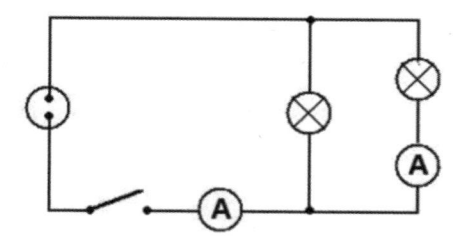

PRÁTICA 42

Fechamos o circuito e anotamos os valores da corrente elétrica indicados pelos amperímetros.

Amperímetro de 0 – 3A = _____ A

Amperímetro de 0 – 1A = _____ A

Mantendo o circuito fechado, desconectamos um dos fios do amperímetro de 0-1A. Fazendo isso eliminamos o segundo consumidor.
Percebemos, com isso, que o primeiro consumidor continuou ativo.
Verificamos o valor da corrente indicada no amperímetro de 0 – 3A, com o segundo consumidor eliminado do circuito.
Em seguida, abrimos o circuito e retiramos os amperímetros.
Fazemos uma outra montagem, ligando o voltímetro.

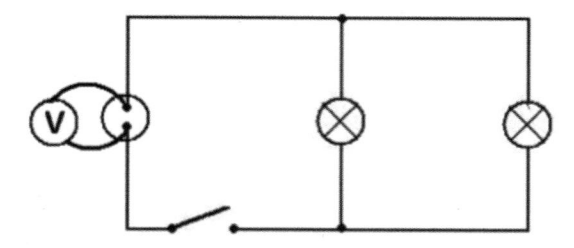

Fechamos o circuito e fazemos a leitura no voltímetro. Anotamos, então, a ddp total do circuito.

Abrimos o circuito e ligamos o voltímetro nos bornes do primeiro consumidor.

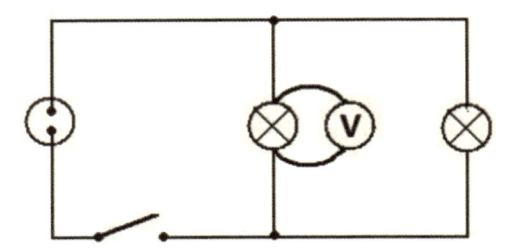

Fechamos o circuito e anotamos o valor da ddp existente no primeiro consumidor.

Repetimos o procedimento, mas agora com o voltímetro ligado nos terminais do segundo consumidor.

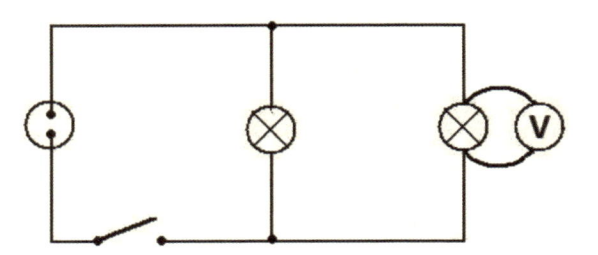

Concluímos, com essa prática, que:

- se for eliminado um dos consumidores do circuito elétrico em paralelo, os outros continuam funcionando, porque o circuito permanece fechado;
- a intensidade total da corrente, que percorre um circuito elétrico em paralelo, equivale à soma das correntes que se ramificam pelos consumidores;
- a tensão existente em um circuito elétrico em paralelo fechado é a mesma para cada consumidor do circuito;
- para um circuito elétrico em paralelo é válido escrever: $I_t = I_1 + I_2 + I_3 + ...$;

- para um circuito elétrico em paralelo é válido escrever: $U_t = U_1 = U_2 = U_3 = ...$

No término dessas duas práticas, circuito em série e circuito em paralelo, realizadas em aulas separadas, os alunos podem comparar as diferenças entre os dois circuitos. Debatem isso em grupo, numa estratégia de ensino para melhor fixação do conteúdo.

— Já vimos efeitos da corrente elétrica, vocês podem me dizer quais?
— *Acendemos uma lâmpada e o resistor aqueceu.*
— Certo. Então, vimos um efeito luminoso e um efeito térmico. Será que a corrente elétrica pode produzir outros efeitos?

Vamos fazer outra prática, para verificar se a corrente elétrica produz outros efeitos.

Assim, o objetivo da prática é verificar outros efeitos produzidos pela corrente elétrica. Para sua realização, são necessários:

- uma extensão com plugue;
- um béquer;
- um núcleo de ferro laminado;
- uma bobina de 400 espiras;
- um fio de ligação;
- um interruptor;
- uma lixa de água;
- duas garras jacaré (opcional);
- pregos pequenos e novos, de aço (podem ser substituídos por clipes para papel).

Pegamos o núcleo de ferro laminado e o aproximamos dos pregos.

PRÁTICA 43

Verificamos que os pregos não são atraídos pelo núcleo de ferro.

Em seguida, fazemos outra montagem.

Seguramos o conjunto montado e fechamos o circuito. Aproximamos o núcleo de ferro laminado dos pregos.

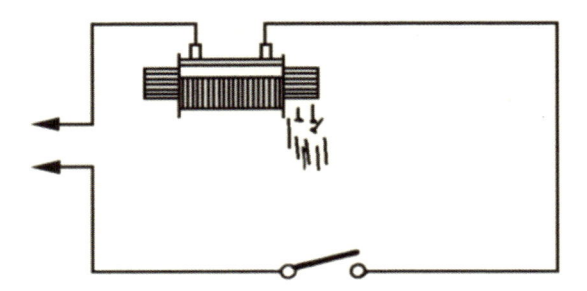

Nesse instante, os clipes são atraídos pelo núcleo de ferro laminado.

O conjunto que montamos com uma bobina-núcleo percorrida pela corrente elétrica constitui um eletroímã.

Os alunos chegam à conclusão que um outro efeito produzido pela corrente elétrica é a criação de um campo magnético. Acrescentamos que existem outros efeitos, tais como efeitos fisiológicos e químicos.

Reproduzimos, neste relato, parte do conjunto de 75 práticas que integram o conteúdo de ciências aplicadas do SENAI-SP.

FONTE	Fournier
PAPEL	Polen Bold 90 g/m²
IMPRESSÃO	Pancrom
TIRAGEM	2.000